LOS
100 HOMBRES
PRINCIPALES
DE LA BIBLIA

LOS 100 HOMBRES PRINCIPALES PRINCIPALES DE LA BIBLIA

*¿Quiénes son y qué significan
hoy para nosotros?*

DREW JOSEPHS

BARBOUR
ESPAÑOL
Un Sello de Barbour Publishing

© 2019 por Barbour Español

ISBN: 978-1-63609-604-9

Título en inglés: *The Top 100 Men of the Bible*

© 2008 por Barbour Publishing.

Fotografía de portada: Jeremy Bishop, Unsplash

Desarrollo editorial. *Semantics, Inc.* P.O. Box 290186, Nashville, TN 37229.

semantics01@comcast.net

Publicado por Barbour Español, un sello de Barbour Publishing, 1810 Barbour Drive, Uhrichsville, Ohio 44683, www.barbourbooks.com

Nuestra misión es inspirar al mundo con el mensaje transformador de la Biblia.

Impreso en China.

En memoria de F. Scott Petersen,
un fiel expositor y maestro de la Palabra de Dios,
que ahora camina con su Salvador entre
los grandes hombres de la Biblia.

CONTENIDO

INTRODUCCIÓN

Dada la gran cantidad de hombres fascinantes e importantes en la Biblia, la elección de los cien más destacados es algo subjetivo. Tal vez esta no sea la única opción, pero aquí presentamos cien hombres de la Biblia, la mayoría valientes y de fe, y algunos nada elogiables. Muchos son dignos de admiración, pese a sus defectos. Unos pocos no eran creyentes, o solo fingieron serlo, pero perjudicaron a muchos con sus acciones, liderazgo o insensibilidad espiritual. Este conjunto de santos y pecadores tuvo un profundo impacto en la historia y la fe cristianas.

Entre los cien encontrarás muchos temperamentos y personalidades diferentes. Algunos te parecerán como hermanos o amigos, mientras que otros te provocarán un escalofrío de rechazo. Cuando leas sobre las pruebas de un hermano creyente, puedes sentir que hablan de tu propia situación, y las victorias que encuentres aquí pueden recordarte algunas de las tuyas.

Aprende de estos hombres, inspírate en ellos y evita sus errores. Las Escrituras registran sus vidas para ayudarnos. Que sean un desafío para tu fe y una ayuda para tu crecimiento.

AARÓN

*Entonces el Señor ardió en ira contra Moisés y le dijo:
—¿Y qué hay de tu hermano Aarón, el levita? Yo sé
que él es muy elocuente. Además, ya ha salido a tu
encuentro, y cuando te vea se le alegrará el corazón.*
ÉXODO 4.14

Casi podrías envidiar a alguien que tuviese como mano
derecha a un hombre como Aarón: un hermano que te
apoyaría en cualquier circunstancia. Llamado por Dios,
Aarón se convirtió en sumo sacerdote, con su hermano
menor Moisés desempeñando el papel principal de profeta,
y juntos sacaron a Israel de la esclavitud en Egipto hacia la
tierra prometida.

Desde el momento en que Dios los llamó, a lo largo de
la historia bíblica Aarón y Moisés suelen aparecen juntos.
Si Moisés hubiera sido diferente, podría haber buscado ser
el único centro de atención, pero le dio miedo hablar por
Dios, así que Aarón se unió a él en el ministerio, y juntos
lideraron el éxodo de Israel.

Pero el amor fraternal tiene sus limitaciones. En
ocasiones, Aarón tendría la sensación de que su papel
era de segunda fila. Sus pocos fracasos tuvieron lugar
mientras no estuvo en estrecho contacto con Moisés.
El primero sucedió después del éxodo, mientras Moisés
estaba en el monte Sinaí, recibiendo la ley de Dios. Los
israelitas no estaban contentos. «¿A dónde se fue Moisés?
—se preguntaban—. ¡A lo mejor nos ha abandonado!».
La multitud clamaba alborotadamente por un nuevo
dios. Quizás Aarón tuvo temor del pueblo, o tal vez lo
influenciaron sus propias dudas. El caso es que se convirtió

en orfebre, hizo un brillante y reluciente becerro, y declaró que ese era su nuevo dios.

Al ver esa idolatría, Dios envió a Moisés de regreso para confrontar a su nación infiel. Movido por el temor del momento, Aarón culpó al pueblo. Pero seguramente se arrepintió de su pecado, ya que poco después Dios reconsagró a su falible sacerdote junto con su nuevo tabernáculo.

Solo se nos menciona otra ocasión en la que Aarón falló, y de forma clamorosa. Él y su hermana Miriam se enojaron cuando Moisés se casó con una mujer cusita. Movidos por los celos, trataron de arrogarse un papel más importante. Dios respondió rápidamente hiriendo a Miriam de lepra. Pero, por su misericordia, no hirió de esa impureza al sumo sacerdote, y Aarón aprendió la lección.

Pese a esos dos fallos tan destacados, sus muchos años de servicio fiel a Dios y a Moisés superan con creces sus fracasos. Si hubiera sido un empleado nuestro, podríamos inclinarnos a prescindir de él, pero Dios llamó a Aarón con un propósito y no se dio por vencido. En vez de eso, hizo volver al sacerdote a la fe y lo usó para establecer el linaje sacerdotal de Israel.

¿Hemos fallado? No hay que desesperarse. Mientras tengamos aliento, Dios tiene un propósito para nosotros: glorificarlo por siempre.

ABEL

Abel también presentó al Señor lo mejor de su rebaño, es
decir, los primogénitos con su grasa. Y el Señor miró con
agrado a Abel y a su ofrenda, pero no miró así a Caín ni a
su ofrenda. Por eso Caín se enfureció y andaba cabizbajo.
Génesis 4.4–5

Uno podría estar tentado a pensar, ante la historia de Abel
y su hermano Caín, que «los chicos buenos terminan
últimos». Pero, si eso es lo que piensas, te han engañado.

Abel, segundo hijo de Adán y Eva, era el «chico bueno»
de la familia. Seguramente, hacía siempre lo que sus padres
le mandaban. No hay duda de que amaba profundamente a
Dios, pues, cuando había que hacer una ofrenda, traía a su
Padre celestial lo mejor que tenía. Y Dios estaba contento
con él.

Caín, el hijo mayor, quizás pensó: *Mamá siempre te*
ha amado más, y papá también. Ahora hasta Dios está de tu
lado. En seguida, la competencia fraternal superó al amor
fraternal. Caín no se sentía amado ni aceptado, porque
Dios sabía que su sacrificio no era de corazón, y eso lo llevó
a agredir a su hermano. Cometió muy pronto el primer
asesinato en la historia, y fue condenado a vagar por la tierra
por el resto de sus días.

Abel no tuvo una larga vida, pero, a juzgar por el
gozo con que ofrecía su sacrificio a Dios, sí fue una vida
triunfante. Jesús elogió a Abel como hombre justo (Mateo
23.35). Aunque Caín vivió muchos más años estériles
después de matar a su hermano, ¿quién dirá que esos días y
meses de vida fueron mejores?

Si terminar último significa alegría en la eternidad, tal
vez ser el último sea lo primero a lo que debemos aspirar.

ABRAM/ABRAHAM

El Señor le dijo a Abram: «Deja tu tierra, tus parientes
y la casa de tu padre, y vete a la tierra que te mostraré.
Haré de ti una nación grande, y te bendeciré; haré
famoso tu nombre, y serás una bendición».

GÉNESIS 12.1–2

Abram recibió una promesa inmensa: si seguía a Dios hacia lo desconocido, él y sus descendientes serían bendecidos. Con esa promesa, Dios comenzó a convertir a Abram, que no tenía hijos y cuyo nombre significa «padre exaltado», en Abraham, «padre de una multitud de naciones».

Así que Abram se dirigió a Canaán con su familia. Los cananeos se habrían sorprendido al saber que Dios había prometido sus territorios a este recién llegado. Pero Abram no se quedó lo suficiente para clavar las estacas de la tienda. Pronto viajó a Egipto huyendo de una hambruna.

Allí, para protegerse, Abram tuvo la precaución de no decirle al faraón que su encantadora «hermana», Saray, era realmente su esposa. El faraón se la llevó a su casa con propósitos románticos. Pero cuando Dios le advirtió del pecado que iba a cometer, el gobernante de Egipto echó a Abram de su tierra.

Pasó el tiempo y no nació ningún heredero. Así que, cuando Dios se le apareció a Abram, diciendo: «No temas, Abram. Yo soy tu escudo, y muy grande será tu recompensa» (Génesis 15.1), Abram reconoció sus dudas. Con palabras diplomáticas, preguntó por qué no tenía un hijo. Dios hizo un pacto con Abram: iba a tener un heredero (de hecho, más herederos de los que se pueden contar) y una tierra para su posesión.

Pero, como el reciente pacto seguía sin proporcionarles un bebé, Saray decidió ayudar a Dios. Siguiendo la costumbre de entonces, le entregó a Abram a su sierva Agar como concubina, esperando que esta concibiera y diera a luz un hijo que Saray pudiera llamar suyo. Abram, imprudentemente, aceptó el plan.

Pero. en vez de mejorar la situación, el plan de Saray creó tensión dentro de la familia y sembró las semillas de la enemistad entre los judíos (los descendientes de Abraham a través de Isaac) y las naciones árabes que vendrían del hijo de Agar, Ismael.

Cuando Abram alcanzó los noventa y nueve años de edad, Dios renovó su promesa y cambió el nombre de Abram por el de Abraham y el de Saray por el de Sara, que significa «princesa». Como señal de su pacto, Dios instituyó el rito de la circuncisión. Pero, a pesar de las muchas cosas buenas que Dios les dio a Abraham y a Sara, la bendición de un niño todavía no llegaba.

Abraham se trasladó al desierto del Néguev y se estableció en el territorio controlado por un rey llamado Abimélec. De nuevo, Abraham presentó a su esposa como su hermana; y de nuevo intervino Dios cuando el rey Abimélec, como antes hizo el faraón, llevó a Sara a su casa. A diferencia del faraón, Abimélec le dio dinero a Abraham y les ofreció a él y a Sara un lugar para vivir. Con el tiempo, Sara le dio a Abraham un hijo, Isaac. Pero el campamento aún no estaba en paz, ya que Agar y Sara tenían disputas por la posición de sus hijos. Finalmente, Sara echó a Agar e Ismael, y Dios le dijo a Abraham que lo permitiera.

Puedes imaginarte la sorpresa de Abraham cuando Dios le mandó sacrificar a Isaac, el hijo de la promesa. Sin demora, y aparentemente sin discutirlo, Abraham partió hacia la región de Moria con Isaac y un hato de leña para quemar el sacrificio. Solo cuando Abraham puso a Isaac en el altar fue cuando un ángel detuvo su mano. Dios proveyó un carnero en su lugar, y seguro que Abraham liberó al niño con gran alivio.

Cuando Sara murió, Abraham se volvió a casar. Pero los hijos de ese matrimonio no cambiaron la promesa de Dios para Isaac y sus descendientes. Abraham organizó el matrimonio de Isaac con Rebeca, y luego murió a la edad de 175 años. Aunque las Escrituras cuentan sin tapujos los defectos de Abraham, «le creyó Abraham a Dios, y esto se le tomó en cuenta como justicia» (Romanos 4.3). A través de la larga vida del patriarca, vemos una disposición a la obediencia y un amor a Dios cada vez mayor.

Dios prometió mucho a Abraham. Algunas promesas tardaron mucho en llegar, pero llegaron. Todas se cumplieron. ¿Estamos dispuestos a esperar las bendiciones de Dios, creciendo en fe a lo largo del camino? ¿O somos como Sara, acuciados con tanta prisa que arriesgamos nuestro futuro? Caminemos como el fiel Abraham, confiando en Dios.

ACAB

*En fin, hizo más para provocar la ira del SEÑOR, Dios de
Israel, que todos los reyes de Israel que lo precedieron.*
1 REYES 16.33

Este relato bíblico sobre la vida de Acab es muy significativo,
porque no se puede decir que los reyes de Israel antes de
Acab hubieran sido una panda de angelitos. Habían enojado
mucho a Dios. Acab era extraordinariamente bueno en eso
de ser malo.

Las Escrituras no detallan muchos de los pecados de
Acab, pero se casó con una malvada princesa sidonia llamada
Jezabel, que los condujo a él y a su país a la adoración a Baal.
Ahí es donde parece que comenzó el mal.

Durante una sequía, Dios ordenó a Elías que se
presentara ante Acab. Así es como el rey saludó al profeta de
Dios: «¿Eres tú el que le está creando problemas a Israel?»
(1 Reyes 18.17). Su relación no iba a mejorar, pues Elías
convocó un enfrentamiento entre Baal y el SEÑOR, y el dios
de Jezabel no ganó.

Elías acabó con los sacerdotes de Baal, y la sequía
terminó al concluir la confrontación. Pero, para entonces,
tanto el rey como la reina odiaban profundamente a Elías.

Entonces Ben Adad, rey de Siria, reunió a otros treinta y
dos reyes y envió un mensaje arrogante a Acab, reclamándole
su familia y posesiones. Aunque Acab envió un mensaje
conciliador, no fue suficiente para el gobernante de Siria:
lo quería todo. Pero los ancianos de Israel animaron a su
pusilánime rey a mantenerse firme.

Dios usó al rey malvado para defender a su pueblo.
Prometió entregar el enorme ejército de Ben Adad en

manos de Acab, y luego le dio a Israel estrategias de guerra específicas. Cuando comenzó el ataque de Israel, Ben Adad estaba ebrio, y los otros reyes no se defendieron bien. El rey de Siria escapó con vida a duras penas.

Ben Adad regresó a la primavera siguiente. Dijo que los israelitas habían ganado el primer asalto porque su Dios era un dios de las montañas. Así que Dios estaba a punto de mostrar que también gobernaba en las llanuras. Ben Adad había escogido su lugar, y Dios demostró tener razón. En un solo día, Israel mató a 100.000 guerreros sirios, y los 27.000 que escaparon a la ciudad de Afec murieron al caer la muralla sobre ellos. Pero Ben Adad seguía vivo y pidió la paz. El precio que ofreció Siria le pareció bueno a Acab, así que Ben Adad quedó libre. Pero un profeta vino a Acab y le dijo que su vida reemplazaría a la de Ben Adad, a quien Dios había querido destruir.

Cuando el malhumorado Acab viajó a Samaria, sus ojos se fijaron en una bonita viña que quería poseer. Pero su dueño, Nabot, consciente de que la viña era un patrimonio que le había sido dado por Dios, no la vendía. Mientras el rey de Israel estaba enfurruñado en su cuarto, Jezabel conspiró para conseguir esa parcela. Pagó a unos hombres para que acusaran en falso al justo Nabot, e hizo que lo mataran por blasfemia.

Mientras el gobernante de Israel se regocijaba en su nueva adquisición, Elías llegó para informar que el Señor conocía la verdad y que los perros lamerían la sangre de Acab en el lugar donde Nabot había muerto. El malvado rey se arrepintió por un tiempo, pero, tres años más tarde, cuando el rey de Judá lo convenció para ir a la batalla contra Siria, Acab escuchó a los falsos profetas, que le aconsejaron que fuera a la guerra. El cobarde Acab se disfrazó, pero durante la pelea fue alcanzado por un arquero y murió después de horas de sufrimiento. Su cuerpo fue llevado a Samaria, y la sangre que se había acumulado en su carro fue lamida por los perros, tal como Dios lo había prometido.

La gente puede pensar que ser malvado es emocionante o conlleva poder. Acab nos muestra lo contrario. Era un cobarde que vivía dominado por su esposa. Aunque ganó algunas batallas, no fue por sus fuerzas.

¿Quieres tener verdadera fuerza? Sirve solamente a Dios.

ADÁN

*Así el hombre fue poniéndoles nombre a todos los
animales domésticos, a todas las aves del cielo y a todos
los animales del campo. Sin embargo, no se encontró
entre ellos la ayuda adecuada para el hombre.*

GÉNESIS 2.20

Imagínate ser el primer hombre de la historia. Nadie había
hecho esto antes. Un día, Adán sintió el aliento de Dios
en su nariz y se despertó, su primer día de vida. Vivía en
un jardín plantado por Dios, con animales a los que debía
poner nombre. ¡Y Dios ni siquiera se quejó de ningún
nombre que Adán escogiera! Pero la vida en el jardín del
Edén era solitaria. A diferencia de los animales, Adán no
tenía pareja. Así que Dios puso al primer hombre a dormir y
creó a la mujer de su costilla. Adán debió de haber pensado:
*¡Uau [o alguna expresión parecida], mira lo que Dios ha hecho
solo para mí!* Parece evidente que reconoció la conexión entre
esta nueva criatura, la mujer, y la cirugía que Dios le hizo,
porque respondió: «Esta sí es hueso de mis huesos y carne de
mi carne. Se llamará "mujer" porque del hombre fue sacada»
(Génesis 2.23).

Adán y Eva vivieron en perfecta paz el uno con el otro.
Ninguna desavenencia conyugal estropeó sus días. Podría
decirse que era una relación ideal «por los cuatro costados».
Vivían en el paraíso. ¿Qué podía salir mal?

Mucho.

Adán debería haber retraído su pie descalzo cuando
Eva le ofreció un fruto que parecía sospechoso de proceder
del único árbol del jardín que Dios les había prohibido.
Si hubiera tenido conocimiento acerca del pecado, Adán
podría haber dicho que el pensamiento de Dios era perfecto,

no el de Eva, y que era mejor seguir el de Dios. Pero el inocente Adán no sabía nada sobre discordias de pareja, así que lo mordió.

De repente, los dos únicos seres humanos del planeta se dieron cuenta de que estaban desnudos. ¡Alguien (como Dios) podría verlos! Así que se hicieron ropas de hojas de higuera (¡ay!) para cubrir su pecado. Cuando Dios pasó por el jardín esa noche, la pareja se escondió de él. Por primera vez temieron a su Creador. Aunque Adán le dijo a Dios que tenía miedo porque estaba desnudo, el problema era su condición de pecado, no su condición de desnudez.

Eva se apresuró a culpar a la serpiente que la había tentado a comer el fruto, así que Dios maldijo justamente a la serpiente. Pero Adán y Eva no escaparon al castigo. Eva recibió el dolor en el parto y el deseo de su esposo. Él recibió el dolor de tener que sudar para cultivar una tierra llena de malas hierbas. La vida se volvió drásticamente distinta de las facilidades y comodidades que habían experimentado en el jardín.

Dios expulsó a la pareja del jardín para que no comieran del árbol de la vida. Un ángel con una espada ardiente vigilaba la entrada.

En su nuevo lugar, la pareja tuvo dos hijos, Caín y Abel. Pero, al igual que sus padres, los niños pecaron, y cuando Caín, movido por la envidia, le quitó la vida a su hermano, se convirtió en el primer asesino. No solo Adán y Eva perdieron a Abel, sino que Dios también castigó a Caín condenándolo a vagar por la tierra.

Más tarde, Caín se casó, pero Adán y Eva probablemente nunca conocieron a los nietos que les dio.

Tal vez para consolarlos, al menos en parte, Dios les dio a Adán y Eva otro hijo, Set. A través de Set, Dios inició el linaje del pacto que llegaría a Noé y más allá. Adán vivió

930 años, tiempo suficiente para ver a muchas de estas generaciones posteriores alcanzar la edad adulta.

A diferencia de Adán, nosotros no tenemos que comenzar algo totalmente nuevo. Todos hemos tenido un hombre al que podemos admirar: un padre, un abuelo o un amigo que nos ha mostrado el camino. Y conocemos los peligros del pecado, quizás porque hemos caído en su trampa más de una vez.

El fracaso de Adán en el jardín nos dejó con una naturaleza llena de pecado que a todos nos atrapa con demasiada frecuencia.

Pero la caída de Adán no fue la última palabra. «Porque así como en Adam todos mueren, así también en Cristo todos serán vivificados» (1 Corintios 15.22 RVA). Lo que nosotros, por nuestra debilidad, no podíamos hacer, Jesús lo hizo en la cruz. En él tenemos nueva vida: vida para la eternidad.

ANANÍAS, EL MARIDO DE SAFIRA

Un hombre llamado Ananías también vendió una propiedad
y, en complicidad con su esposa Safira, se quedó con parte
del dinero y puso el resto a disposición de los apóstoles.
HECHOS 5.1–2

Si hubiera sido un hombre más sabio, Ananías también
podría haber tenido fama de generoso. Si se hubiera limitado
a dar lo que él y Safira decidieron y no hubieran pretendido
hacer creer que ese era el precio total de la propiedad, sus
hermanos podrían haberlo elogiado.

Pero una mentira aparentemente pequeña, para parecer
menos egoísta de lo que realmente era, convirtió el nombre
de Ananías en un sinónimo cristiano de avaricia.

Cuando el apóstol Pedro le hizo ver su maldad contra
Dios, Ananías murió. Probablemente no fue solo la
conmoción de ser descubierto: fue un juicio divino que
garantizó la honestidad de los cristianos primitivos. Cuando
Safira murió de la misma manera, los demás ya no dudaron
de cuál era la opinión de Dios sobre las obras de la pareja.

A diferencia de Ananías y su esposa, seguramente no
muramos al hacer algo malo. Pero sí es cierto que nuestros
engaños nos hieren. Tal vez no responda tan rápidamente
como con Ananías, pero Dios no ignora nuestro pecado.
¿Hará falta un relámpago del cielo para mandarnos ser
obedientes, o bastará con una palabra de nuestro Salvador a
nuestro corazón?

ANDRÉS

Andrés encontró primero a su hermano Simón, y le dijo:
—Hemos encontrado al Mesías (es decir, el Cristo).
JUAN 1.41

¿Qué tan ansioso estás de contarles sobre Jesús a otros? En lugar de deleitarnos con la perspectiva de realizar esa obra, muchos de nosotros luchamos con lo que podríamos llamar «parálisis del análisis». Nos preocupamos por la mejor manera de hacerlo y nunca transmitimos el mensaje que Andrés transmitió con tanta sencillez.

Tal vez Andrés tenía una predisposición dada por Dios para buscar al Señor, pero tenía algo aún más importante: un mentor dado por Dios. El apóstol Juan nos cuenta que Andrés fue discípulo de Juan el Bautista. ¿Por cuánto tiempo? Es claro que fue lo suficientemente largo como para que el profeta causara una gran impresión en este joven de Galilea.

Acerca de lo que Andrés aprendió de Juan el Bautista solo podemos especular. Tal vez fue uno de los que oyó a Juan llamar la atención a los fariseos, llamándolos «¡Generación de víboras!» (Mateo 3.7 RVR1960). Podemos estar seguros de que Andrés oyó el anuncio del profeta acerca del Mesías venidero. Eso iba por delante en todo lo que Juan enseñaba, y lo declaraba *enfáticamente*. Puede que tuviera un nombre griego, pero Andrés era lo suficientemente judío como para saber del Mesías. Sin duda, sabía sobre el Mesías antes de conocer a Juan.

Entonces llegó el día en que Andrés oyó a su mentor decir: «He aquí el Cordero de Dios». Dice la Escritura: «Le oyeron hablar los dos discípulos, y siguieron a Jesús. Y volviéndose Jesús, y viendo que le seguían, les dijo: ¿Qué buscáis? Ellos le dijeron: Rabí (que traducido es, Maestro), ¿dónde moras? Les dijo: Venid y ved. Fueron, y vieron donde moraba, y se quedaron con él aquel día» (Juan 1.37–39 RVR1960).

¿Cómo fue este primer encuentro? ¿Y qué dijo Jesús? Pasara lo que pasara, tuvo un profundo impacto en Andrés, porque poco después le dijo a su hermano Simón: «Hemos encontrado al Mesías». Andrés había descubierto a su verdadero Mentor, ¡y mucho más que eso! Convencido de quién era Jesús, Andrés llevó a su propio hermano a su encuentro. Aunque Jesús mismo podría haber organizado fácilmente la reunión, le permitió a Andrés el privilegio de presentarle a su hermano mayor al Mesías.

Igual que Andrés, todos nosotros llevamos a otros a un encuentro cara a cara con Jesús, pero solo de manera directamente proporcional a nuestra convicción de que hemos encontrado a nuestro Señor y Salvador. ¿Es nuestra convicción tan firme como la de Andrés?

APOLOS

*Por aquel entonces llegó a Éfeso un judío llamado
Apolos, natural de Alejandría. Era un hombre
ilustrado y convincente en el uso de las Escrituras.*
HECHOS 18.24

Aunque Apolos conocía bien las Escrituras del Antiguo
Testamento, le faltaba algo. Le habían enseñado sobre Jesús,
pero solo conocía el bautismo de Juan.

Este hombre elocuente aún no estaba familiarizado con
el obrar del Espíritu Santo. Así que dos líderes de la iglesia
de Éfeso, la pareja Priscila y Aquila, pusieron a Apolos al día
sobre el trabajo que Dios estaba haciendo y sobre el impacto
que el Espíritu tenía en los cristianos.

Este excelente predicador tuvo que haber escuchado
atentamente y obedecido la voluntad de Dios, pues,
cuando se trasladó a Acaya, los líderes de la iglesia de Éfeso
escribieron una nota de presentación para los creyentes de
allí. Sabemos que el ministerio, ya mejorado, de Apolos tuvo
influencia en la iglesia de Corinto, porque algunos de sus
miembros contenciosos afirmaban seguirlo a él en vez de a
Pablo.

Como Apolos, ¿podemos admitir que no estamos en
posesión de toda la verdad? Cuando otro cristiano señala un
defecto en nuestro modo de pensar, ¿podemos escuchar con
humildad, comparar esa corrección con las Escrituras, y tal
vez aplicar los cambios necesarios? Ser capaces de hacerlo
nos puede permitir tocar más vidas para Jesús.

BALÁN

Cuando la burra vio al ángel del Señor, se echó al
suelo con Balán encima. Entonces se encendió la
ira de Balán y golpeó a la burra con un palo.
Números 22.27

Imagínate ser un profeta que es más tonto que un burro.
Esa es la reputación de Balán en las Escrituras. Y le estaba
merecido a este hombre que no era nada fiel a Dios.

Después del éxodo, cuando los israelitas entraron en
Moab, el rey Balac, temeroso, contrató a Balán, un profeta
madianita, para maldecir a la nación invasora. Dios ordenó
al profeta que fuera al rey, pero que solo hablara sus palabras,
porque sabía que Balán no era precisamente fiel de todo
corazón.

Mientras Balán se dirigía hacia Moab, Dios se enojó
(tal vez porque el profeta ya estaba pensando en maneras
de evadir su mandato) y envió un ángel para bloquearle el
camino. Balán no podía ver al ángel, pero su burra, sí. Por
tres veces, la burra de Balán trató de evitar al ser celestial.
Las tres veces, el profeta golpeó a la bestia. Entonces Dios
les permitió tener una conversación entre ellos, y la burra le
señaló al ángel. Cuando Balán lo vio, reconoció su pecado y
estuvo dispuesto a volver a casa. Se le volvió a advertir que
hablara la verdad de Dios.

En tres ocasiones, Balac hizo que el profeta ofreciera
sacrificios, con la esperanza de hacer que maldijera a Israel,
pero en las tres Balán obedeció a Dios y bendijo a la nación.
Pero, subrepticiamente, el falso profeta sugirió que Moab
desviara a los israelitas al animarlos a adorar a Baal (ver
Números 31.16). Su plan funcionó. Así que cuando Israel

atacó a los aliados de Moab, los madianitas, Balán fue pasado por la espada.

Balán fue en parte fiel a Dios. Pero, cuando la desobediencia servía a sus propósitos, la mantenía como opción válida. ¿Estamos, como él, solo dispuestos a escuchar los mandamientos que nos gusta oír, o seguimos a Dios completamente?

BARTIMEO

Después llegaron a Jericó. Más tarde, salió Jesús de la
ciudad acompañado de sus discípulos y de una gran
multitud. Un mendigo ciego llamado Bartimeo (el hijo
de Timeo) estaba sentado junto al camino. Al oír que
el que venía era Jesús de Nazaret, se puso a gritar:
—¡Jesús, Hijo de David, ten compasión de mí!
MARCOS 10.46–47

Cuando Jesús y sus discípulos salieron de Jericó, una gran
multitud los rodeó. Alguien susurró al oído de un mendigo
ciego sentado al borde del camino que era Jesús quien
pasaba. El indigente Bartimeo probablemente no era la
imagen de un discípulo ideal, pero, por su grito al Salvador,
«Hijo de David» (un título mesiánico), sabemos que sabía
quién era Jesús y que lo quería como su Maestro.

Aunque los seguidores de Jesús lo trataban de reprimir,
Bartimeo persistió, gritando aún más fuerte. Para sorpresa de
todos, Jesús llamó al mendigo.

Bartimeo saltó, corrió hacia el Salvador y rogó por
su vista. Jesús lo sanó rápidamente, y lo elogió por su fe.
Bartimeo no tardó ni un instante en seguir a su Señor.

¿Somos persistentes, o acaso pueden otros apartarnos
de clamar al Maestro por nuestras necesidades? Si lo que
buscamos es la voluntad de Dios, podemos seguir el ejemplo
del mendigo y llamar sin descanso a Jesús. ¿Acaso no nos
responderá?

BERNABÉ

*José, un levita natural de Chipre, a quien los
apóstoles llamaban Bernabé (que significa:
Consolador), vendió un terreno que poseía, llevó el
dinero y lo puso a disposición de los apóstoles.*
HECHOS 4.36–37

Desde su primera aparición en la Biblia, es obvio que
Bernabé es un hombre admirable. La Escritura lo describe
como «un hombre bueno, lleno del Espíritu Santo y de
fe» (Hechos 11.24). A los cristianos del primer siglo no les
faltó razón para llamar «Consolador» a este líder; observa su
ministerio y entenderás cómo se ganó su apodo.

Saulo, el experseguidor de la iglesia que llegó a ser
conocido como Pablo, se benefició de la calidez de corazón
de Bernabé. Cuando todos los demás en la iglesia se
preocupaban de si la conversión de Saulo era genuina,
Bernabé recogió al nuevo converso y lo llevó a los apóstoles.
El Consolador también debe de haber sido una persona sin
miedo al riesgo por su Señor, porque, de haberse equivocado
en cuanto a Saulo, Bernabé habría traído al enemigo número
uno a la iglesia.

Luego, los líderes de la iglesia de Jerusalén enviaron
a Bernabé a Antioquía para ver a algunos hermanos
chipriotas que estaban predicando a los griegos (no como
otros predicadores cristianos de la época, que predicaban
solo a los judíos). Bernabé aprobó lo que encontró en
Antioquía, ya que muchos griegos se estaban convirtiendo,
y más tarde trajo a Pablo a esa ciudad. Durante un año,
los dos enseñaron a los nuevos conversos, haciendo solo
un paréntesis para llevar una colecta de ayuda a Jerusalén.

Después de su regreso, Dios los envió en su primer viaje misionero, a Galacia.

Durante este viaje lleno de aventuras, fueron expulsados de Antioquía de Pisidia, huyeron de Iconio y curaron a un hombre en Listra, donde además los tomaron por dioses. Pero Pablo fue apedreado en Listra, así que siguieron trasladándose, hasta acabar regresando a Antioquía. Allí se enfrentaron a los judaizantes, que exigían que la comunidad cristiana se sometiera a la circuncisión.

Fueron enviados a Jerusalén para informar sobre su misión. Allí se enfrentaron de nuevo a los judaizantes y, con el apoyo de Pedro, convencieron a los líderes de la iglesia para que no exigieran la circuncisión a los gentiles.

Finalmente, Pablo y Bernabé se separaron a causa de un desacuerdo sobre llevar a Juan Marcos como compañero en sus misiones. Juan Marcos había abandonado el primer viaje misionero a mitad de camino, y Bernabé evidentemente lo perdonó, pero Pablo no estaba listo para volver a admitirlo. Así que Bernabé y Juan Marcos fueron juntos a Chipre, y la fe de Bernabé en su joven compañero se vio confirmada, porque Juan Marcos llegó a ser el escritor del Evangelio de Marcos.

Bernabé era exactamente lo que la iglesia primitiva necesitaba: un líder sabio y paciente. ¿No nos gustaría tener varios así en cada una de nuestras iglesias? Es más, ¿no nos gustaría ser uno de ellos? De Bernabé aprendemos lo que significa animar a otros en la fe y el liderazgo. Como él, ¿confiamos en el plan de Dios, sin importar a qué nos enfrentemos? ¿Tenemos fe en su labor por medio de personas imperfectas con las que tratamos a diario?

BOOZ

Rut salió y comenzó a recoger espigas en el campo, detrás de los segadores. Y dio la casualidad de que el campo donde estaba trabajando pertenecía a Booz, el pariente de Elimélec.
RUT 2.3

Cuando llegó a Belén con su suegra Noemí, la joven moabita llamada Rut seguramente sería la comidilla de la ciudad. Incluso antes de que Rut empezara a espigar en su campo, Booz habría oído hablar de la atención que esa extranjera dedicaba a su suegra.

Entonces uno de sus empleados le habló del sencillo y modesto comportamiento de Rut. Así que este hombre de corazón bondadoso la cuidó, diciéndole que se quedara cerca de sus mujeres para protegerse y que bebiera de los vasos que sus obreros llenaban de agua. Incluso ordenó a sus hombres que le dieran grano extra.

Cuando Rut le preguntó por qué se portaba tan bien con ella, él le respondió: «¡Que el SEÑOR te recompense por lo que has hecho! Que el SEÑOR, Dios de Israel, bajo cuyas alas has venido a refugiarte, te lo pague con creces» (Rut 2.12). Tal vez Booz no sabía que él mismo sería parte de la recompensa.

En casa esa noche, Noemí le informó a Rut que Booz era uno de sus parientes redentores, un pariente cercano de su marido, Elimélec, que podía acudir en ayuda de la viuda casándose con ella. Pero, en vez de procurar a Booz para sí misma, Noemí puso a su nuera en el camino de él, enviándola a la era para, durmiendo a sus pies, hacerle una propuesta de matrimonio al pariente redentor.

Por la mañana, Booz se reunió con el pariente redentor más cercano de la familia. Cuando el hombre rechazó la oportunidad de ejercer su derecho, Booz compró la tierra de Elimélec y prometió casarse con Rut.

Por su fidelidad, Booz obtuvo no solo una maravillosa y joven esposa, sino también un lugar en la historia, pues llegó a ser el bisabuelo del rey David y tiene un lugar en el linaje del Mesías.

Booz asumió el riesgo de casarse con una extranjera que tal vez no hubiera permanecido fiel al Señor. Pero él escuchó con su corazón y espíritu y estuvo dispuesto a pagar el precio de traerla a su casa. ¿Cuán dispuestos estamos a arriesgarnos para hacer la voluntad de Dios cuando él nos llama a hacerlo? ¿Cuán bondadosos son nuestros corazones cuando nos encontramos con otros que sufren necesidad?

EL BUEN SAMARITANO

*Pero un samaritano que iba de viaje llegó adonde
estaba el hombre y, viéndolo, se compadeció de él.*

LUCAS 10.33

Las Escrituras no usan la palabra «buen» para describir a este
samaritano. Y no era una persona real, solo un hombre que
Jesús creó en una parábola. Pero su historia ha tenido un
impacto poderoso en la gente desde el día en que nuestro
Señor contó este relato.

El buen samaritano nació cuando un experto en la
ley, tratando de encontrar alguna excusa cuando Jesús le
dijo que amara a su prójimo, le preguntó: «¿Quién es mi
prójimo?». Al final de la respuesta de Jesús, el experto en
la ley probablemente deseó no haber hecho la pregunta,
porque la respuesta del Señor ha desafiado a todos los que
han escuchado la historia. No deja que nadie escape de la
dura verdad sobre lo difícil que es amar a los demás.

Jesús contó de un hombre que viajó de Jerusalén a
Jericó, una ruta peligrosa en la que los ladrones tenían
fácil acceso a sus víctimas. El ingenuo viajero fue atacado,
golpeado y dado por muerto. Mientras yacía en el camino,
pasaron varios sin ayudarlo. Primero pasó un sacerdote,
probablemente al otro lado del camino. «¿Y si está
muerto? —se preguntó probablemente—. Si lo toco, no
podré cumplir con mi deber sacerdotal». O tal vez el líder
religioso estaba demasiado ocupado o no quería asumir la
responsabilidad de un extraño.

Luego vino un levita, que actuaba como asistente
de un sacerdote, y él también evitó contaminarse con el

hombre en apuros. Es muy posible que tuviera las mismas preocupaciones que el sacerdote.

Si hubiera sido por estos «religiosos», el hombre del camino podría haber muerto. Por eso Dios envió a un samaritano. Para los israelitas, los samaritanos eran personajes particularmente desagradables. Después de que los asirios conquistaran Israel y deportaran a gran parte de la población, los conquistadores repoblaron el país con otros pueblos. Los antepasados de los samaritanos eran judíos que se habían casado con estos paganos. Esta raza no solo tenía sangre mezclada, sino que también había combinado su fe en Jehová, el Dios de Israel, con prácticas religiosas paganas. Así que los samaritanos eran odiados por los judíos por causa de su historia y sus creencias.

Pero este «impío» forastero tenía un corazón de oro.

Cuando vio al hombre herido, la compasión llenó su corazón. Curó con medicinas y vendas al viajero herido, lo subió a su burro y lo llevó a la posada más cercana. Allí pagó la cuenta y le prometió al posadero más dinero por cuidar del extraño.

Después de este breve relato, que no nos dice lo que fue finalmente del viajero, Jesús le preguntó al experto en la ley cuál de los tres que pasaron era el prójimo del herido. El experto en la ley, tal vez constreñido por su aversión a pronunciar la odiada palabra «samaritano», respondió: «El que se compadeció de él».

«Anda entonces y haz tú lo mismo», le dijo Jesús.

El relato del samaritano nos desafía a no quedar tan atrapados en las formalidades legales de la fe que nuestros corazones se enfríen. Como a los líderes religiosos que no hicieron lo correcto al pasar de largo, a nosotros nos resulta fácil encerrarnos en nuestra propia vida e ignorar a los necesitados. Pero la fe cristiana requiere que no solo le hablemos a la gente sobre Jesús, sino que vivamos el tipo de fe que lo hace real para otros.

¿Estamos a la altura del desafío del buen samaritano? ¡Solo si Jesús llena nuestros corazones cada día!

CAIFÁS

El sumo sacerdocio lo ejercían Anás y Caifás.
En aquel entonces, la palabra de Dios llegó a
Juan hijo de Zacarías, en el desierto.
LUCAS 3.2

Cronológicamente, esta es la primera mención del impío sumo sacerdote que ostentaba la autoridad durante el ministerio de Jesús. Caifás había obtenido el puesto cuando los romanos depusieron a su suegro Anás. Debido a que algunos judíos todavía veían a Anás como el sumo sacerdote, tal vez Caifás siempre se sintiera como si tuviese a Anás mirando por encima del hombro. Desde luego, los romanos sí que vigilaban: había que mantener a raya a los judíos rebeldes, o todos perderían sus trabajos.

Tal vez eso explica por qué Caifás actuó más como un líder político que como un líder religioso. Le preocupaba más lo que la gente pensaba que la justicia. Así que, cuando Jesús llegó, no le fue difícil tomar algunas decisiones realmente malas.

Cuando Jesús resucitó a Lázaro de entre los muertos, los líderes religiosos de Israel, el Sanedrín, se preocuparon mucho. Eso podría llevar a la rebelión. Los romanos los culparían de todo y los reemplazarían con líderes que pudieran mantener la paz. Igual que Anás, se veían a sí mismos perdiendo poder.

Caifás ofreció una solución: matar a Jesús. Solo había un problema: bajo la ley romana, los judíos no podían matar a nadie. Así que estos líderes egoístas celebraron un juicio farsa en el que Caifás aceptó cualquier testimonio que le quitara de en medio al galileo. Luego pasó a Jesús a las autoridades romanas, que también estaban preocupadas por mantener a los judíos callados, por lo que hallaron conveniente que Jesús muriera.

Después de la muerte de Jesús, sus apóstoles siguieron perturbando al sumo sacerdote con la predicación de las buenas nuevas. En dos ocasiones, Caifás arrestó a algunos de los apóstoles, pero se vio incapaz de hacer más que advertirles para que no predicaran. Después de los primeros capítulos del libro de Hechos, no oímos más de él en las Escrituras.

Caifás fue como un líder de iglesia que se estropea. Su fe nunca dio forma a sus acciones, así que es difícil creer que no fuera sino un incrédulo. ¿Diría la gente eso de nosotros, o nos comprometeremos a poner por obra nuestra fe en amor y confianza en Dios?

CALEB

*[Caleb dijo:] Y mis hermanos, los que habían subido
conmigo, hicieron desfallecer el corazón del pueblo;
pero yo cumplí siguiendo a Jehová mi Dios.*
Josué 14.8 rvr1960

Imagínate tener que esperar cuarenta años para la realización
de tu sueño. Ese es el tiempo que le tomó a Caleb, el
compañero de armas de Josué, conseguir el monte Hebrón
en la tierra de Canaán. Muy probablemente, Caleb
descubrió ese deseo en su corazón mientras espiaba la tierra
de Canaán con Josué y los otros diez que Moisés envió para
ese propósito. Tenía entonces cuarenta y cinco años.

Los espías con Caleb y Josué emitieron un informe
desalentador sobre la tierra, e Israel trágicamente sucumbió a
su temor, para su propia desgracia y muerte. Caleb proclamó
que él y Josué habían seguido al Señor de todo corazón.

Estos dos hombres fieles entregaron un informe
favorable y positivo que casi los lleva a ser apedreados, si no
fuera por la intervención del mismo Dios (ver Números 14).
Así comenzó un triste deambular por el desierto que duró
cuarenta largos años; un año por cada día que los espías
estuvieron en la tierra de Canaán. Todas las personas que
Josué y Caleb conocían cayeron en ese páramo desértico.

Entonces llegó el día en que por fin se repartió Canaán
entre las doce tribus de Israel. Mientras Judá recibía su parte,
Caleb se adelantó audazmente y le dijo a Josué: «Tú sabes lo
que Jehová dijo a Moisés, varón de Dios, en Cades-barnea,
tocante a mí y a ti [...]. Dame, pues, ahora este monte»
(Josué 14.6, 12 rvr1960). Caleb no había renunciado a
su sueño, y estaba preparado para luchar por él si fuera
necesario. Dijo: «Ahora bien, Jehová me ha hecho vivir,

como él dijo, estos cuarenta y cinco años, desde el tiempo que Jehová habló estas palabras a Moisés, cuando Israel andaba por el desierto; y ahora, he aquí, hoy soy de edad de ochenta y cinco años. Todavía estoy tan fuerte como el día que Moisés me envió; cual era mi fuerza entonces, tal es ahora mi fuerza para la guerra, y para salir y para entrar» (Josué 14.10–11 RVR1960).

Josué no dudó en hacerlo. Caleb había compartido con Moisés su deseo de poseer el monte Hebrón, y Moisés había aceptado. Josué, obviamente, lo sabía y con gusto le entregó el monte Hebrón a su querido amigo.

Se ha dicho que, mientras sus pies pisaban el desierto, el corazón de Caleb estaba en las alturas del monte Hebrón. Dios tiene un sueño en mente para cada uno de nosotros, así como lo tenía para Caleb. Puede ser que no tengamos que esperar cuarenta años para su cumplimiento; lo que sí hace falta es que sigamos al Señor nuestro Dios de todo corazón y cumplamos nuestra parte mientras él nos capacita y nos conduce a la realización de nuestros sueños.

EL CENTURIÓN CON UN SIERVO PARALÍTICO

*Y Jesús fue con ellos. Pero cuando ya no estaban lejos de
la casa, el centurión envió a él unos amigos, diciéndole:
Señor, no te molestes, pues no soy digno de que entres
bajo mi techo; por lo que ni aun me tuve por digno de
venir a ti; pero di la palabra, y mi siervo será sano.*
LUCAS 7.6–7 RVR1960

Aunque no era judío, el centurión amaba al pueblo judío e
incluso le construyó una sinagoga.

Los ancianos judíos le rogaron encarecidamente a Jesús
que viniera y sanara al siervo de ese gentil, que le era muy
querido y estaba gravemente enfermo. ¡Tal consideración por
parte de un centurión romano era algo extraordinario!

Jesús fue de inmediato con ellos. No estaba lejos de la
casa cuando se encontró a unos amigos del centurión, que
le transmitieron este mensaje: «Señor, no te molestes, pues
no soy digno de que entres bajo mi techo; por lo que ni aun
me tuve por digno de venir a ti; pero di la palabra, y mi
siervo será sano. Porque también yo soy hombre puesto bajo
autoridad, y tengo soldados bajo mis órdenes; y digo a éste:
Ve, y va; y al otro: Ven, y viene; y a mi siervo: Haz esto, y lo
hace» (Lucas 7.6–8 RVR1960).

La mayoría de la gente quería que Jesús demostrara
quién era. Este hombre no. Él simplemente dijo: «Sólo di la
palabra». Sabía lo suficiente acerca de Jesús como para creer
que, si pronunciaba una palabra de sanidad, incluso desde
lejos, se cumpliría.

Tal vez por eso dijo Jesús: «Os digo que ni aun en Israel
he hallado tanta fe» (Lucas 7.9 RVR1960).

Se ha dicho que el reto más grande que enfrenta cualquier cristiano es el de creer en la confiabilidad de la Palabra de Dios. ¿Cuánto confiamos?

EL CENTURIÓN CORNELIO

—Dios ha recibido tus oraciones y tus obras de beneficencia
como una ofrenda —le contestó el ángel [a Cornelio].
HECHOS 10.4

¡Gentil! Esta palabra no se usaba normalmente como
cumplido. En la época de Jesús, los judíos no debían
relacionarse con los gentiles. En sus primeros tiempos, la
iglesia la formaban únicamente judíos, pues comenzó como
una variante del judaísmo.

Los que se convertían al judaísmo eran obviamente
gentiles. Las Escrituras nos dicen que Cornelio era uno
de ellos, aunque su conversión podría no haber implicado
todos los rituales. A los gentiles que no se sometían a la
circuncisión se les llamaba «temerosos de Dios».

Aun así, Cornelio mostró una fe genuina en el Dios
de Abraham, Isaac y Jacob, y un fervor por la oración y
las obras benéficas. En un momento dado, se le apareció
un mensajero celestial y le dijo que sus oraciones y obras
benéficas habían llegado ante Dios. Se le indicó que llamara
al apóstol Pedro. Mientras tanto, Dios le dio a Pedro una
visión en la que se le dijo que no llamara impuro a nada que
Dios hubiera limpiado. Esto abrió el camino para que Pedro
visitara a Cornelio y lo bautizara a él y a toda su familia: ¡los
primeros gentiles convertidos al cristianismo!

La razón de que Dios escogiera a un mando militar
como primer gentil convertido al cristianismo ¿podría
ser porque un hombre así estaba acostumbrado a guardar
respeto? A pesar de toda su autoridad, fíjate en el respeto
que Cornelio le mostró a Pedro. ¿Hasta qué punto seguimos
el ejemplo de Cornelio con los mensajeros piadosos en
nuestros días?

EL CIEGO DE NACIMIENTO

Al pasar Jesús, vio a un hombre ciego de nacimiento.
Y sus discípulos le preguntaron, diciendo: Rabí, ¿quién
pecó, éste o sus padres, para que naciera ciego?
JUAN 9.1–2 LBLA

En una época en que la ciencia no estaba muy desarrollada, los judíos creían que las enfermedades estaban causadas por algún pecado. ¿Por qué iba a infligir un Dios bueno dolor y sufrimiento a alguien de su pueblo?

Los discípulos buscaban una respuesta rápida y fácil que identificara a algún culpable. Si los padres habían pecado, había una razón para que Dios les hubiera dado un hijo ciego, y los discípulos podían irse tan contentos a casa. Pero ¿por qué Dios le haría esto a un niño inocente? Los creyentes que se lo preguntaban necesitaban una respuesta.

Jesús dejó claro que pecado y enfermedad no son necesariamente lo mismo. Dios tenía un propósito para esta enfermedad: traería gloria a Dios con la curación que iba a realizar el Salvador.

Mientras los discípulos hablaban, el hombre estaría esperando. Si él no tenía la culpa, ¿por qué no iba a sanarlo Jesús? ¿No había hecho antes milagros así? De repente, la mano de Jesús tocó sus ojos, extendiendo una mezcla de barro y saliva sobre ellos. No era la forma más agradable de ser sanado, pero el hombre no estaba para discutir. Siguiendo las instrucciones de Jesús, se apresuró a lavarse en el estanque de Siloé.

El ciego recuperó la vista. ¡Qué delicia mirar los rostros de sus vecinos, disfrutar del mundo que Dios había creado y saber que nunca más tendría que mendigar!

Mientras se iba, la gente empezó a hacer preguntas. ¿Era realmente el mendigo, o solo alguien que se parecía a él? El hombre admitió la veracidad de su curación. Pero, cuando buscó a Jesús, se había ido.

Se presentó ante los fariseos, que no estaban contentos con este milagro y le interrogaron seriamente sobre Jesús. El hombre no sabía mucho más, y declaró que Jesús era profeta. Entonces, los incrédulos fariseos cuestionaron a los padres del hombre. Temerosos de que los expulsaran de la sinagoga, los remitieron al testimonio de su hijo. Las autoridades interrogaron al hijo, quien no se desdijo. Les preguntó si acaso querían convertirse en discípulos de Jesús, ya que estaban tan interesados.

Entonces, las autoridades expulsaron al hombre de la sinagoga. Luego, Jesús vino a él. Con las respuestas a algunas preguntas rápidas, el hombre entendió quién era y lo adoró.

Nos hacemos las preguntas de los discípulos cuando un niño está herido o enfermo o un discípulo devoto no es sanado. ¿Podemos aceptar que todo será para la gloria de Dios, aunque no ocurra ninguna curación física? Puede ser que no tengamos nuestras respuestas en la tierra, pero en el cielo todo quedará claro.

CORÉ

Coré, que era hijo de Izar, nieto de Coat y bisnieto de Leví,
y los rubenitas Datán y Abirán, hijos de Eliab, y On hijo de
Pélet, se atrevieron a sublevarse contra Moisés, con el apoyo
de doscientos cincuenta israelitas. Todos ellos eran personas de
renombre y líderes que la comunidad misma había escogido.

NÚMEROS 16.1–2

Moisés y Aarón tenían una rebelión congregacional entre
manos. Las facciones dentro de la comunidad de creyentes
tenían envidia de Moisés y de su hermano e intentaron
hacerse con el mando, acusándolos de abuso de poder.

Coat quería ser sacerdote, aunque su linaje de levitas
tenía otros deberes en la Tienda de reunión. Los rubenitas
estaban enojados porque Moisés no los había llevado a la
tierra prometida, sino otra vez al desierto. Ninguno de los
dos grupos buscó el parecer de Dios sobre sus ideas.

Moisés, lejos de intimidarse, convocó a Coré y a sus
seguidores para presentarse ante Dios con sus incensarios
llenos y listos. Dios decidiría quién era santo y quién no.

Al día siguiente, Coré reunió a los oponentes de Moisés
entre los levitas. Pero primero el profeta fue a las tiendas de
los rubenitas, que se habían negado a aparecer en la Tienda
de reunión. A las puertas de su propia tienda, Moisés se
enfrentó a los rebeldes. Allí Dios abrió debajo de ellos la
tierra, que se tragó sus casas y a sus miembros. Entonces
subió fuego y quemó a los 250 hombres que estaban
ofreciendo el incienso.

Esto te hace pensártelo dos veces antes de empezar una
rebelión en la iglesia, ¿no?

DANIEL

Entonces Daniel respondió y dijo delante del rey: Tus
dones sean para ti, y da tus recompensas a otros. Leeré
la escritura al rey, y le daré la interpretación.
DANIEL 5.17 RVR1960

Lo que se narra en este versículo no sucedió durante la
primera parte de la vida de Daniel. Ese momento crucial
le llegó cuando ya era alguien con mucha experiencia que
llevaba décadas de servicio como primer ministro del rey de
Babilonia. Pero, en una vida marcada por la dedicación al
deber, el profeta mostró por encima de todo su dedicación al
Dios de su Israel natal.

El éxito terrenal de Daniel comenzó de una manera
que probablemente nunca hubiera soñado. Como parte de
las vicisitudes de la conquista, Daniel se encontró cautivo
y forzado a marchar a la lejana tierra pagana de Babilonia.
Sin duda, fue una experiencia desgarradora para el piadoso
joven. De repente, se encontró inmerso en una cultura
ajena a todo lo que conocía, una cultura impregnada de
paganismo. Por si esto fuera poco, Daniel fue escogido para
servir al rey de Babilonia, aprender el idioma y los escritos
de los caldeos, y para recibir un nombre babilónico (Daniel
1.3–7). ¿Nos damos cuenta de cuán repulsivo era todo esto
para Daniel? Sin embargo, no tuvo elección, como tampoco
la tuvieron sus compañeros, Hananías, Azarías y Misael.
Era imposible escapar, y la pena por intentarlo habría sido
severa. Con el tiempo, Daniel desarrolló su lealtad al rey
Nabucodonosor. Lo que este rey decía era ley incontestable.

A pesar de su situación, gracias a la capacitación divina,
Daniel supo tener una disposición positiva sin comprometer
su obediencia al Señor. Se labró una reputación de

integridad insuperable, cumpliendo sus deberes con diligencia y honestidad.

Dios también bendijo a Daniel con un don especial para ver más allá de la realidad inmediata e interpretar los sueños. Al menos dos veces, Daniel interpretó sueños para Nabucodonosor. En una de estas ocasiones, Daniel salvó no solo la vida de los sabios de Caldea, sino también su propia vida (ver Daniel 2). Aparentemente, la gran sabiduría que Dios le concedió al profeta lo convirtió en el más respetado e influyente de todos los sabios de Babilonia. Sin embargo, Daniel nunca dejó que su don se le subiera a la cabeza. Cuanto más respeto mostraba, más se elevaba su posición en el reino. La vida de Daniel se sustentaba en la fiel oración y meditación en la ley que Dios le dio a Moisés.

Luego vino la escena en el gran salón de banquetes del rey Beltsasar: una escritura a mano en la pared; al rey le tiemblan las rodillas. ¿Qué significa esto? ¿Quién lo interpretará? La reina sabe exactamente a quién llamar. «Rey, vive para siempre; no te turben tus pensamientos, ni palidezca tu rostro. En tu reino hay un hombre en el cual mora el espíritu de los dioses santos, y en los días de tu padre se halló en él luz e inteligencia y sabiduría, como sabiduría de los dioses; al que el rey Nabucodonosor tu padre, oh rey, constituyó jefe sobre todos los magos, astrólogos, caldeos y adivinos, por cuanto fue hallado en él mayor espíritu y ciencia y entendimiento, para interpretar sueños y descifrar enigmas y resolver dudas; esto es, en Daniel, al cual el rey puso por nombre Beltsasar. Llámese, pues, ahora a Daniel, y él te dará la interpretación» (Daniel 5.10–12 RVR1960).

Todas las características personales de Daniel parecen converger en este momento. La suma de todo lo que es como hombre se ve en las pocas palabras que le dirige a Beltsasar. El rey ha prometido premios y el más alto reconocimiento a quien pueda descifrar el enigma. Daniel no busca recompensa, pero comunica con toda claridad la revelación de Dios, a quien el rey ha desafiado al profanar la vajilla sagrada del templo de Jerusalén. Daniel no solo da la interpretación correcta, sino que no tiene miedo de exponer la maldad del rey y su destino. La recompensa del rey no es nada en comparación con la recompensa de Dios.

Aunque nunca regresó a Judá ni a Jerusalén, este hombre de Dios brilló con gran luz en la Babilonia pagana. Pocos de nosotros llegaremos a la posición de Daniel, pero él mismo nos diría que lo que más cuenta en nuestro caminar con el Creador es la entrega inquebrantable a Dios, y no la fama mundana.

DAVID

Y quitado aquél, levantóles por rey á David, el
que dió también testimonio, diciendo: He hallado
á David, hijo de Jessé, varón conforme á mi
corazón, el cual hará todo lo que yo quiero.
HECHOS 13.22 RVA

Aun antes de llegar al poder como rey de Israel, David
tenía la plena confianza de Dios. David comenzó bien. El
que antes fue pastor comenzó sirviendo al rey Saúl y luchó
contra Goliat, honrando a Dios y destruyendo a los filisteos.
Saúl convirtió a David en oficial militar, a la espera de que
lo mataran, pero el pueblo estaba encantado con el éxito del
nuevo general en el campo de batalla.

Saúl, lleno de envidia, trató de matar a David, así
que el joven guerrero huyó y terminó escondido en una
cueva. Pero no solo. Su familia y muchos de los que Saúl
había tratado mal se unieron a David: unos cuatrocientos
hombres. Al comenzar la guerra civil, Saúl caería en la
cuenta de que ¡había entrenado a su propio enemigo! Sin
embargo, en las distintas batallas, David nunca le hizo
daño al rey ungido de Dios.

Finalmente, temiendo por su vida, David se hizo
mercenario de Filistea, pero evitó luchar contra Israel. En
vez de eso, se aseguró de no dejar nadie vivo que le contara
al rey filisteo Aquis que David estaba luchando contra los
otros pueblos de la tierra cuando se suponía que estaba
atacando a Israel.

Mientras David recuperaba a dos de sus esposas, que
habían sido secuestradas por los amalecitas, los filisteos
luchaban contra los israelitas. Saúl, malherido, se suicidó, y
tres de sus hijos murieron en combate.

David fue ungido rey sobre Judá, pero Isboset, el único hijo sobreviviente de Saúl, se convirtió en rey de Israel. Cuando dos de sus hombres mataron a Isboset, David recibió el trono de Israel.

En Jerusalén, el caminar fiel de David se volvió mucho menos consistente. El nuevo rey, que ya tenía tres esposas, se construyó una hermosa casa, tomó muchas más esposas y concubinas, y salió a la batalla y derrotó a los filisteos. Luego, David trajo el arca del pacto a su capital, con la esperanza de que trajera bendición.

Pero, mientras su ejército derrotaba a los amonitas y a los sirios, David se quedó en Jerusalén, y allí deseó a una hermosa mujer casada, Betsabé. No tardó en pecar con ella, y, cuando ella descubrió que estaba embarazada, David conspiró para que su esposo, Urías, muriera. Su plan tuvo éxito y justo después se casó con la viuda.

Muy disgustado, Dios reprendió a David por medio del profeta Natán. Este le recordó cómo Dios lo había cuidado durante toda su vida y le anunció que, por causa de su pecado, la casa de David no tendría paz.

La profecía de Natán se cumplió en los hijos de David, como Dios había prometido. Su hijo ilegítimo con Betsabé murió. Su hija Tamar fue violada por su medio hermano Amnón. El hermano de Tamar, Absalón, asesinó a Amnón e inició una conspiración para arrebatarle el trono a su padre, que tuvo que huir de Jerusalén. Solo cuando Absalón fue asesinado pudo su afligido padre regresar a su trono.

David volvió a pecar cuando hizo un censo de su pueblo. Quizás por la lección aprendida tras su pecado con Betsabé, se confesó a Dios inmediatamente. Dios le dio tres opciones de castigo. El rey, humillado, decidió recibir su castigo de la mano de Dios, así que tuvo que luchar contra una plaga en vez de contra otra nación. Por su misericordia, Dios no le envió a David la tercera opción: tres años de hambre. Cuando David construyó un altar a Dios para evitar la plaga, Dios le puso fin.

Al debilitarse las fuerzas de David por la edad, su hijo Adonías intentó usurpar el trono, que estaba destinado a Salomón. La intervención de Natán y Betsabé hizo que se mantuviera la promesa a Salomón. David concluyó el asunto declarando a Salomón su heredero y haciéndolo ungir como rey.

Cuando leemos sobre la vida de David, empezamos a entender que nuestras vidas no están hechas de compartimentos. No podemos mantener nuestra vida laboral en una caja y la vida familiar en otra. Cuando David pecó en su vida personal, eso afectó su gobierno. Cuando él fue fiel, todos se beneficiaron. Nuestras vidas necesitan esa clase de consistencia que glorifica a Dios.

Aunque David tuvo algunos fracasos importantes en su vida, Dios lo convirtió en uno de los reyes más poderosos de Israel e hizo nacer de su linaje al Mesías. Aunque un hombre fracasa, Dios no lo abandona; eso es así para nosotros, como lo fue para David.

ELÍ

*Cada año Elcaná salía de su pueblo para adorar al Señor
Todopoderoso y ofrecerle sacrificios en Siló, donde Ofni y Finés,
los dos hijos de Elí, oficiaban como sacerdotes del Señor.*

1 Samuel 1.3

El hogar de un sacerdote poco fiel, cuyos hijos se
describen en la Biblia como «hombres impíos» (1 Samuel
2.12 rvr1960), parece un lugar poco adecuado para la
crianza del incipiente profeta Samuel.

Elí no habría recibido el premio Padre del Año. Sus
hijos presionaban a los asistentes al templo para que
hicieran el mal, y se relacionaban con prostitutas religiosas.
Su padre debió de haber recibido muchas quejas. Cuando
finalmente decidió amonestar a sus hijos, está claro que no
fue contundente y que llegó tarde. Dios culpó a Elí, quien
no había puesto freno al pecado de sus hijos cuando eran
jóvenes. Dios prometió que los dos morirían jóvenes y en el
mismo día.

Pero Dios no solo levantó a un nuevo sacerdote para
ocupar el puesto de Ofni y Finés, sino que también dejó
que Elí criara a su sustituto, Samuel, que era fiel a Dios.

Este hombre amable y bondadoso había antepuesto
la voluntad de sus hijos a la del Padre, con resultados
desastrosos. ¿Aprenderemos de él? ¿O criaremos a nuestros
hijos sin corregirlos? Si es así, podemos encontrarlos, como
Elí, arrasando con el pecado nuestros hogares. ¿Estamos
criando «hombres impíos» o hijos que glorificarán a Dios?

ELÍAS

Él respondió: He sentido un vivo celo por Jehová Dios de los ejércitos; porque los hijos de Israel han dejado tu pacto, han derribado tus altares, y han matado a espada a tus profetas; y sólo yo he quedado, y me buscan para quitarme la vida.

1 Reyes 19.10 rvr1960

De todos los profetas de Dios, ninguno llama tanto la atención como Elías, el profeta del fuego. Como todos los otros profetas, apareció en una situación crítica en la historia bíblica. La función principal de los profetas era desafiar al pueblo de Judá e Israel a arrepentirse de sus pecados y regresar al Señor después de haber caído de cabeza en la apostasía. A menudo, Dios llevaba a los profetas a retar al pueblo de maneras dramáticas, como cuando mandó a Isaías andar desnudo en público (ver Isaías 20) o a Jeremías quebrar una vasija de barro (ver Jeremías 19). Estos espectáculos llamaban sin duda la atención, y eran eficaces hasta cierto punto.

En las Escrituras, Elías parece surgir de la nada, algo habitual entre los profetas. Dios lo envió a testificar contra el reino del norte de Israel y su malvado rey Acab. Desde tiempos de Jeroboam, el primer rey de Israel, el reino del norte había estado en un continuo descenso hacia la iniquidad. Acab y su malévola esposa, Jezabel, representaban lo peor de todo Israel. Elías fue enviado por Dios para poner freno a ese descenso y apartar al reino de su caída libre hacia el infierno.

Los profetas no eran «chicos buenos», ni estaban destinados a serlo. Eran absolutamente serios en su predicación y no daban cuartel a los que se oponían a su mensaje, que era literalmente una cuestión de vida o muerte.

Desde luego, así era con Elías. Piensa en su valentía y audacia al enfrentarse a toda una nación y a su rey, pensando que él era el único que quedaba capaz de ponerse del lado de Dios. Esa fuerza no habría sido posible ni se habría aplicado apropiadamente si no hubiera sido por la capacitación y guía de Dios.

En su primera profecía, Elías le anunció categóricamente a Acab: «Vive Jehová Dios de Israel, en cuya presencia estoy, que no habrá lluvia ni rocío en estos años, sino por mi palabra» (1 Reyes 17.1 rvr1960). Las palabras «en cuya presencia estoy» también pueden interpretarse como «delante del cual estoy». Elías tenía intimidad con Dios, una intimidad que procedía de buscar diligentemente al Dios de Abraham, Isaac y Jacob. Cuanto más ponía el foco en buscar a Dios, más se acercaba a él y más crecía su celo por él.

Esto es lo que Elías llevó consigo a las alturas del monte Carmelo. Esto lo llevó a mostrar una fe inigualable en contraste con los sacerdotes paganos de Baal. «Más vale que trabajen un poco más duro, muchachos —les regañó—. Quizás su Dios se ha ido de viaje y no puede oírlos». No eran palabras de un alma tibia y débil. La victoria que Dios le dio ese día en la cima del monte Carmelo fue un triunfo de su poder activo por medio del testimonio de este hombre a quien Dios forjó para la tarea.

Pero Elías no era un superhéroe. Es reconfortante saber que él era un hombre «sujeto a pasiones semejantes a las nuestras» (Santiago 5.17 rvr1960) y no un superhombre. Aun así, Dios llevó a cabo una efusión de milagros realizados por medio de Elías como antaño lo hizo por medio de Moisés. Cuando llegó el momento de su partida de este mundo, Elías fue llevado vivo al cielo en un carro de fuego. El profeta Malaquías nos dice que Elías regresará «antes que venga el día de Jehová, grande y terrible» (Malaquías 4.5

RVR1960). ¿Es de extrañar que solo él acompañara a Moisés en el encuentro con Jesús en el monte de la Transfiguración (ver Mateo 17.1–13)?

Tal vez ninguno de nosotros seamos llamados a asumir una posición tan atrevida como la de Elías; ni es probable que seamos arrebatados en un carro de fuego. Sin embargo, a cada uno de nosotros se nos ha dado lo que Agustín llamó un «vacío del tamaño de Dios» en nuestros corazones. Si buscamos a Dios como objetivo primario de nuestras vidas, él llenará ese vacío con su santa presencia. Entonces nos capacitará para seguir con celo los pasos de Elías, haciéndonos aptos para las obras que nos ha preparado de antemano para que las llevemos a cabo (ver Efesios 2.10).

ELISEO

*Y dijo Eliseo: Te ruego que una doble
porción de tu espíritu sea sobre mí.*
2 Reyes 2.9 rvr1960

¡Qué momento en la historia bíblica! Tanto Elías como
Eliseo están a punto de verse envueltos en un evento
sobrenatural espectacular: la partida de Elías de este mundo.
Elías, atento hasta el final, le pregunta a su discípulo si hay
algo que pueda hacer por él antes de partir. Como si siempre
hubiera sabido qué pedir, Eliseo le pide a su señor una doble
porción de su espíritu. «Él le dijo: Cosa difícil has pedido. Si
me vieres cuando fuere quitado de ti, te será hecho así; mas
si no, no» (2 Reyes 2.10 rvr1960).

De repente, aparecieron un carro de fuego y caballos de
fuego y se llevaron a Elías en cuerpo y alma al cielo. Qué
evento tan increíble debe de haber sido. Sin embargo, todo
terminó tan rápido como sucedió. El manto de Elías estaba
ahora a los pies de Eliseo. Elías había extendido esta misma
prenda sobre Eliseo cuando vino por primera vez a llamarlo
mientras araba el campo de su padre. El profeta del fuego le
había pasado la antorcha a su sucesor.

Eliseo, aturdido por lo que acababa de presenciar, se
inclinó y tomó el manto. No lo tomó como una reliquia
a adorar, sino más bien como un emblema del legado que
Elías le había dejado y de la solemne responsabilidad que
le había conferido. Eliseo no había pedido riquezas ni
prestigio. Pidió amplia aptitud para servir a Dios. Al tomar
el manto de Elías, continuó la obra de su señor, ejerciendo
como padre para sus compañeros profetas y enfrentándose
a los mismos enemigos que tenía Elías. Su obra fue el doble
de extensa que la de Elías, con el doble de milagros, y sus

exigencias se doblaron también. ¿Cabe alguna duda de que el Espíritu Santo llevó a Eliseo a pedir lo que pidió?

Eliseo regresó al Jordán y golpeó el agua con el manto de Elías. Al mismo tiempo invocó al Dios de Elías diciendo: «¿Dónde está Jehová, el Dios de Elías?» (2 Reyes 2.14 RVR1960). Las aguas se separaron y Eliseo caminó hacia el otro lado. Cuando sus compañeros profetas lo vieron, supieron que el espíritu de Elías descansaba sobre Eliseo (2 Reyes 2.15 RVR1960). Es interesante que el primer milagro que hizo Eliseo fuera como el último de su maestro.

En la Biblia, los milagros sucedieron intermitentemente, a rachas, sobre todo durante los ministerios de Moisés, Elías, Eliseo y Jesús. El poder de realizar milagros fue conferido por Dios para autentificar su llamado a cada uno de ellos. Los milagros también daban muestra de un poderoso mover de la mano de Dios en estas situaciones de la historia bíblica.

Eliseo se ocupó de la casa rebelde de Jeroboán y del reino del norte, el de Israel. Por lo tanto, algunos de los milagros que él hizo tenían el propósito de confrontar y castigar, como en el caso de los jóvenes burladores que leemos en 2 Reyes 2.23–25. Lo que a primera vista parece una reacción exagerada queda, tras una investigación más profunda, justificado. Los jóvenes vivían en Betel, enclave de uno de los dos ídolos de becerro que Jeroboán había hecho. Se dice que a los lugareños no les gustaba ser reprendidos por la presencia del ídolo, así que los jóvenes manifestaban el desdén de sus padres por Eliseo y por Dios; de ahí el terrible ataque del oso.

En la mayoría de los milagros que hizo, Eliseo demostró que Dios se interesaba por la gente común y corriente y por la nación. Un ejemplo impresionante de esto sería la historia de las tropas sirias que vinieron a capturar a Eliseo en Dotán (ver 2 Reyes 6.8–23). Aquí vemos la misericordia de Dios al tranquilizar al siervo de Eliseo, pero también al perdonar a los sirios, a quienes había cegado. Eliseo los llevó directamente al rey de Israel, pero los protegió de su ira. Eliseo entendió que la intención de Dios es atraer a otros hacia él, ya sea por su disciplina o por su misericordia.

Eliseo había aprendido bien de su señor y predecesor, y llevó en alto y con nobleza la antorcha que le pasó. Su ejemplo podría resumirse en las palabras de John L. Mason, quien aconsejó que no debemos seguir a ningún hombre (o mujer) más cerca de lo cerca que esa persona sigue a Jesús.

EL ENDEMONIADO GADARENO

Vienen a Jesús, y ven al que había sido atormentado
del demonio, y que había tenido la legión, sentado,
vestido y en su juicio cabal; y tuvieron miedo.
MARCOS 5.15 RVR1960

¿Hay una figura bíblica más desesperada que el hombre de Gadara, fuera de control y endemoniado? Con una horda de demonios, que se llamaban a sí mismos «Legión» (Marcos 5.9), en su interior, se encontraba en un estado lamentable y vivía separado de su hogar y de sus amigos. Posiblemente, este infeliz habría jugado con el pecado hasta que este lo dominó por completo.

Se ha dicho que cuando Jesús se enfrentaba a los demonios, ellos hacían algo que incluso los líderes religiosos de la época se negaban a hacer: lo reconocían como el Hijo de Dios. Así fue también en este caso.

Desde el principio, Jesús controló toda la situación, demonios incluidos. ¡Imagina la libertad que sintió el hombre cuando los demonios salieron de él! Una vez que recuperó la cordura, Jesús y los apóstoles lo vistieron. Pidió ir con Jesús, pero el Maestro lo envió a casa para compartir el mensaje de su liberación (ver Marcos 5.19).

Este hombre sabía muy bien de qué había sido salvado. Si Jesús nos ha salvado, ¿comprendemos de qué hemos sido salvados, y eso nos impulsa a compartir nuestra fe con otros?

ENOC

Y caminó Enoc con Dios, después que engendró a
Matusalén, trescientos años, y engendró hijos e hijas.
Génesis 5.22 rvr1960

¿Qué significa caminar con Dios? No tenemos mejor
ejemplo que la figura bíblica de Enoc. Aunque en las
Escrituras se escribe poco sobre Enoc, se puede deducir
mucho acerca de su vida y carácter.

En un tiempo en que se nos dice que la reputación
no es tan importante, recordemos que mediante nuestro
comportamiento hacemos visible el reino de Dios. Para
aquellos de nosotros que nos hacemos llamar cristianos,
hacer visible el reino de Dios es el propósito de nuestra vida.

Enoc también vivió en una época en la que tener
reputación no era muy valorado. De hecho, la humanidad
estaba en una pendiente resbaladiza hacia el infierno. Los
descendientes de Caín se estaban volviendo cada vez más
corruptos. Su impiedad causó una grave degeneración en la
raza humana. Poco después, su corrupción había comenzado
a contaminar a los descendientes piadosos de Set, el tercer
hijo de Adán y Eva. Al final, Dios ya no pudo soportar tal
generalización de la iniquidad y emitió su juicio en forma
de un gran diluvio. El bisnieto de Enoc, Noé, y su familia
fueron los únicos que escaparon de esa horrible catástrofe.

Las Escrituras nos dicen que, después de engendrar a su
hijo Matusalén, Enoc caminó con Dios. Presumiblemente,
hasta el nacimiento de Matusalén, Enoc no vivió de manera
diferente a otros hombres de su tiempo. Puede que no haya
sido tan vil como otros, pero solo caminaba *tras* Dios en vez
de caminar *con* él. El comentarista bíblico Matthew Henry
escribe que caminar con Dios es «hacer de la Palabra de Dios

nuestra regla y de su gloria nuestro fin en todas nuestras acciones». Las Escrituras no nos cuentan la causa de este cambio en el andar de Enoc, pero probablemente fuera algo extraordinario. Tal vez el rechazo a la creciente degeneración de la humanidad lo acercó más a Dios. La santificación es una serie de pasos de gracia en gracia.

La epístola de Judas nos dice que Enoc profetizó contra los de su generación y les predijo un fin terrible. Sin duda, esto lo puso en una mala situación con el mundo de su tiempo. Sin pretender hacerse el santurrón, Enoc puede haber llegado a resultarle tan repugnante al mundo como el mundo a él. Su profundo amor por Dios puede muy bien haber sido lo que provocó su partida, en cuerpo y alma, de esta tierra.

La Biblia dice: «Caminó, pues, Enoc con Dios, y desapareció, porque le llevó Dios» (Génesis 5.24 RVR1960).

Matthew Henry comenta con bellas palabras: «Dios mostró cómo los hombres habrían abandonado el mundo de no haber pecado: no muriendo, sino siendo arrebatados».

¿Caminamos tan cerca de Dios que los incrédulos se dan cuenta? No importa que no les agrademos a ellos si estamos agradando a Dios.

ESDRAS

*Este Esdras subió de Babilonia, el cual era escriba
diligente en la ley de Moisés, que Jehová Dios de
Israel había dado; y concedióle el rey, según la mano
de Jehová su Dios sobre él, todo lo que pidió.*
ESDRAS 7.6 RVA

Cuando el rey Darío I ordenó a Esdras que regresara a
Jerusalén y supervisara la reconstrucción del templo, no le
estaba ofreciendo al escriba-sacerdote un trabajo cómodo.
Esdras recibió del poderoso gobernante persa todo el dinero
y la protección necesarios, pero le esperaba un sinfín de
problemas.

Una primera oleada de reconstructores del templo había
regresado a Jerusalén cuando el rey Ciro ordenó que el
templo fuera reconstruido en el año 538 A.C. Pero los reyes
subsiguientes habían visto el proyecto de reconstrucción
como una amenaza y lo habían detenido. Esdras tenía
mucho trabajo por delante.

Cuando juntó a su grupo de israelitas y sacerdotes y tuvo
una reunión de oración para pedir que Dios los protegiera
en el viaje, Esdras necesitaba toda la oración posible.
Meses después, al entrar en Jerusalén, se metió en graves
problemas. Aunque los israelitas que vivían en Babilonia
no habían tenido una vida fácil, al menos habían sido
conscientes de su pasado y de los mandamientos de Dios.
Pero los que se quedaron en Jerusalén se habían vuelto laxos,
por no decir algo peor.

Antes que Esdras tuviera tiempo de poner en orden
su nuevo hogar, ya estaban los informes listos. Los cargos
israelitas le dijeron al nuevo en la ciudad que muchos
judíos, incluso sacerdotes, se habían casado con mujeres de

los pueblos paganos vecinos. Esperaban que Esdras hiciera algo con respecto a la influencia que esto había tenido en su nación. No era precisamente la mejor manera de ganar popularidad en su patria, ¿verdad? Pero Esdras no se preocupó por eso. Inmediatamente se volvió a Dios en oración, confesando los pecados de su pueblo y pidiendo perdón.

Por su gracia, Dios escuchó la oración del sacerdote y envió un avivamiento a su pueblo. Los que se habían casado fuera de su Ley repudiaron a sus esposas extranjeras y se volvieron a Dios. El perdón cubrió el país.

Cuando nos enfrentamos a problemas repentinos y aparentemente abrumadores, ¿nos preocupamos por las opiniones de los demás, buscamos el consejo de los poderosos, o comenzamos volviéndonos a Dios en oración, creyendo que él actuará? Ya sea que Dios responda inmediatamente o no, su ayuda es lo primero que necesitamos buscar. Porque, cuando su gracia interviene, sea cuando sea, nuestros problemas están resueltos.

ESTEBAN

Esteban, hombre lleno de la gracia y del poder de Dios, hacía
grandes prodigios y señales milagrosas entre el pueblo.
Hechos 6.8

Esteban, bendecido por Dios, tenía un mensaje poderoso.
Pero no a todo el mundo le gustaban sus palabras. La
sinagoga de los Libertos se opuso a su testimonio cristiano,
no porque pensaran que no tenía sentido, sino porque no
podían refutarlo.

Así que, como muchos creyentes fieles, Esteban se
encontraba en problemas con sus oponentes, quienes lo
arrastraron ante el sanedrín. Los miembros de la sinagoga
encontraron algunos hombres inmorales dispuestos a acusar
a Esteban de blasfemia contra Dios y la ley. Cuando fue
interrogado, Esteban presentó a los gobernantes judíos un
maravilloso testimonio basado en la ley de Dios. Pero no
se quedaron muy contentos, porque los acusó de resistir
a Dios. Finalmente, Esteban vio a Jesús en una visión y
proclamó que estaba a la diestra de Dios.

Ante esto, sus enemigos se taparon los oídos y lo
arrastraron para apedrearlo. A las puertas de la muerte,
Esteban pidió perdón para sus agresores.

El testimonio de Esteban es un brillante ejemplo de fe.
¿No desearíamos todos responder con la misma fuerza ante
la persecución? El Espíritu Santo le dio poder a Esteban, y
es el que nos fortalece a nosotros también. Pero no podemos
esperar hasta que surja la persecución para buscar a Dios.
Necesitamos acercarnos a él y procurar que nos llene cada
día. Entonces, cuando llegue el momento de recibir un
ataque, estaremos listos.

EZEQUÍAS

*Ezequías puso su confianza en el Señor, Dios
de Israel. No hubo otro como él entre todos
los reyes de Judá, ni antes ni después.*

2 Reyes 18.5

Las Escrituras nunca nos dicen cómo un hijo del malvado
rey Acab de Judá llegó a ser un creyente fiel. Pero Ezequías,
a la edad de veinticinco años, llegó al poder, quitó los lugares
paganos de su tierra y destruyó los objetos de adoración
falsa.

Las Escrituras alaban a Ezequías por su fidelidad.
Su caminar fue coherente, a diferencia de muchos otros
gobernantes de su época. Dios lo bendijo por esto, dándole
éxito en su rebelión contra el rey de Asiria y en la batalla
con los filisteos. Pero, en el decimocuarto año del reinado
de Ezequías, el rey Senaquerib de Asiria capturó las ciudades
fortificadas de Judá y envió a su consejero militar para
convencer a Ezequías de que se rindiera. Aunque Ezequías
le dio al poderoso rey un gran tributo, no fue suficiente.
Senaquerib quería a Ezequías fuera de escena. Así que vino
un comandante militar asirio con un mensaje e incluso
trató de convencer a los hombres de Jerusalén con terribles
advertencias sobre lo que pasaría si se oponían a su señor.

El rey de Judá sabía adónde ir en momentos difíciles.
Inmediatamente se vistió de cilicio, como señal de
humillación espiritual, y envió a dos hombres al profeta
Isaías. El profeta le entregó al rey noticias alentadoras:
Senaquerib escucharía un rumor que lo enviaría
rápidamente a casa. Cuando el comandante de Senaquerib
regresó, menospreció el poder del Dios de Ezequías. El rey
de Judá se volvió a Dios en oración, poniendo todos sus

temores delante del Señor. Isaías profetizó de nuevo que Jerusalén no sería dañada.

Esa noche, 185.000 hombres del campamento asirio murieron a manos del ángel del Señor. Senaquerib regresó a su casa y fue asesinado allí por dos de sus hijos.

Entonces, nos dice la Escritura, Ezequías enfermó de muerte. Isaías le advirtió que se preparara para morir, pero el rey oró de nuevo y Dios le dio quince años más de vida, y prometió proteger su ciudad.

El rey de Babilonia envió embajadores a Ezequías, quien, orgulloso, les mostró sus riquezas. Tal vez el rey de Judá quería impresionar a los babilonios, pero en vez de eso les dio otras ideas. Después de que los enviados regresaran a su tierra, Isaías profetizó que todo lo que Ezequías les había mostrado sería llevado a Babilonia en un próximo exilio. El rey estaba agradecido porque eso no pasaría durante su vida.

Cuando Ezequías tuvo problemas, no se preocupó. Se convirtió en un guerrero de oración. ¿Hacemos lo mismo, poniendo nuestras preocupaciones firmemente en las manos del Todopoderoso, confiando en que él nos salvará? Si lo hacemos, somos también fieles Ezequías, que podemos escuchar a Dios elogiar nuestra vida.

EZEQUIEL

*Vino palabra de Jehová al sacerdote Ezequiel hijo
de Buzi, en la tierra de los caldeos, junto al río
Quebar; vino allí sobre él la mano de Jehová.*
EZEQUIEL 1.3 RVR1960

La vida puede ser cualquier cosa menos fácil, y Ezequiel
lo sabía, porque vivió en uno de los tiempos más difíciles
de Judá. Los asirios habían comenzado a perder el poder
ante el cada vez más poderoso Imperio babilónico, y Judá
estuvo entre las facciones beligerantes hasta que Babilonia
conquistó Jerusalén en 597 A.C. Ese año, muchos judíos
fueron exiliados a Babilonia, entre ellos este hijo de un
sacerdote. En la nueva tierra, Ezequiel recibió el llamado a
ser profeta.

El mensaje de Ezequiel no era positivo. A diferencia
de los falsos profetas de Jerusalén, él le dijo a su pueblo
exiliado que su tiempo fuera del hogar no sería breve, que les
convenía establecerse. Jerusalén y los idólatras que quedaban
allí serían destruidos, y la presencia de Dios abandonaría el
templo.

Una y otra vez, Ezequiel confrontó al pueblo con su
pecado y prometió que el juicio seguiría. Cabe imaginar
que no era el hombre más popular de la ciudad. Quienes se
oponen a los falsos profetas nunca reciben muchos elogios,
sobre todo cuando repiten de continuo el mismo sombrío
mensaje. A los compatriotas de Ezequiel no les gustaba el
mensaje y a menudo no lo escuchaban.

Pero, justo cuando el pueblo de Judá estaba del todo
cansado del mensaje de Ezequiel, Dios le dio otro. Habló
de los pecados de los vecinos de Judá y pintó un cuadro
de huesos secos (todos los israelitas) que volverían a Israel

y servirían fielmente a Dios. Ezequiel vio un templo reconstruido y la gloria de Dios que regresaba a él. El pueblo de Dios volvería a ser dueño de su tierra.

Durante veinte años, el ministerio de Ezequiel se enfocó en el pecado y el juicio. Probablemente él mismo estaba harto de ello, pero repitió fielmente el mensaje de Dios hasta que el Señor decidió revelar sus planes futuros. Dios no había abandonado a su pueblo, aunque estuvieran tentados a pensar así. En el momento oportuno, Ezequiel les recordó ese hecho.

Cuando la vida parece difícil y no tenemos un mensaje alegre para los demás, ¿seguimos siendo fieles, o estamos tan atrapados en la necesidad de felicidad que no podemos aceptar el dolor que a veces trae la vida?

Al igual que Ezequiel, necesitamos hablar con claridad el mensaje de nuestro Señor y confiar en que él traerá las buenas nuevas que hemos estado buscando día a día.

FARAÓN

Y Faraón no os escuchará; entonces pondré mi mano
sobre Egipto y sacaré de la tierra de Egipto a mis ejércitos,
a mi pueblo los hijos de Israel, con grandes juicios.
ÉXODO 7.4 LBLA

Los antiguos egipcios creían que su faraón era un dios; y si había alguien a quien esa idea se le subió a la cabeza, era el faraón que gobernaba durante la era de Moisés.

Aunque lo sabemos todo acerca de su autoridad y los eventos registrados en las Escrituras, algo que no sabemos es el nombre de este gobernante. La Biblia lo llama simplemente «faraón», pero, como la historia de esa época es tan imprecisa, no sabemos con certeza qué faraón egipcio se enfrentó a Dios y a su profeta Moisés.

Lo que sí sabemos es que esta fue una gran contienda. Moisés y su hermano Aarón se enfrentaron al faraón, pidiéndole que liberara a los hebreos esclavizados.

Tal como Dios se lo había advertido a Moisés, el faraón no estaba por la labor. Cuando Aarón arrojó su vara y se convirtió en serpiente, los magos egipcios hicieron lo mismo, solo para que sus serpientes fueran devoradas por la de Aarón.

Cuando el faraón no atendió la petición de Moisés, Dios, que había endurecido el corazón del rey egipcio, le envió al faraón diez plagas que captaron la atención: convertir el agua en sangre; invadir la tierra con ranas; cubrir la tierra con mosquitos; llenar los hogares egipcios y arruinar la tierra con tábanos; matar el ganado; afligir al hombre y a las bestias con úlceras; matar animales, plantas y gente con granizo; destruir con langostas los pocos cultivos que quedaban; y cubrir toda la tierra con oscuridad. Cuando ninguna de estas plagas funcionó, Dios terminó quitándole la vida al primogénito de cada animal y persona de Egipto.

Faraón pudo haberse ganado una medalla a la tenacidad, pero su actitud arruinó su país antes de echar a los hebreos de Egipto. Sin embargo, incluso entonces tomó una decisión imprudente y envió a su ejército a perseguir a los antiguos esclavos en un intento de recuperarlos para su reino, pero ya era demasiado tarde. Cuando el pueblo de Dios cruzó milagrosamente el mar Rojo, el ejército egipcio lo siguió y fue destruido en las aguas.

La tenacidad puede valer para algo, pero solo cuando se combina con la sabiduría divina. Faraón tocó fondo cuando desafió a Dios y estaba dispuesto a hacer todo lo posible para salirse con la suya. ¿Aprenderemos de él para no ir nosotros también por nuestro propio camino, ignorando el llamado de Dios?

FELIPE EL APÓSTOL

Al día siguiente, Jesús decidió salir hacia Galilea.
Se encontró con Felipe, y lo llamó:
—Sígueme. Felipe era del pueblo de Betsaida,
lo mismo que Andrés y Pedro.

JUAN 1.43–44

Con su habitual y breve «Sígueme», Jesús llamó al vecino de
Pedro al discipulado. Y el recién comisionado Felipe no se
quedó de brazos cruzados.

Al día siguiente, lo compartió con Natanael: «Hemos
encontrado a Jesús de Nazaret, el hijo de José, aquel de
quien escribió Moisés en la ley» (Juan 1.45). Cuando
Natanael dudó, Felipe no discutió; solo invitó a su amigo a
ver a Jesús.

Vemos de nuevo a Felipe en la alimentación de los cinco
mil, cuando Jesús le pregunta: «¿Dónde vamos a comprar
pan para toda esta gente?» (Juan 6.5 DHH). Felipe reconoce
el problema, pero no puede resolverlo.

La verdadera habilidad de Felipe era guiar a las personas
hacia Jesús, como lo hizo con algunos griegos que pidieron
verlo. Cuando Jesús comenzó a profundizar en temas
teológicos, al final de su ministerio, Felipe, confundido,
pidió ver al Padre. Puede que no haya sido un teólogo de
gran talla, pero aun así Felipe tenía una misión importante:
traer a otros a Jesús. Mientras algunos podrían sentirse
intimidados, él se entusiasmaba. No importaba si tenía
todas las respuestas; este discípulo solo quería que la gente
conociera a su amigo y Salvador.

¿Compartimos el celo de Felipe por dar a conocer a
Jesús?

FELIPE EL EVANGELISTA

Entonces Felipe, descendiendo a la ciudad
de Samaria, les predicaba a Cristo.
Hechos 8.5 rvr1960

Uno de los siete diáconos elegidos por su buena reputación y voluntad de servicio, Felipe, participó en la primera experiencia de crecimiento de la iglesia. Aun cuando la persecución de Saulo al cristianismo crecía, el número de creyentes aumentaba.

Como fueron expulsados de Jerusalén, los cristianos comenzaron a predicar dondequiera que iban. En Samaria, Felipe tuvo tanto éxito evangelístico que Pedro y Juan fueron enviados para expandir la misión. Al recibir de un ángel la noticia, Felipe se dirigió hacia Gaza. En el desierto, se encontró con un eunuco etíope que estaba leyendo el libro de Isaías.

«¿Entiendes lo que lees?», le preguntó Felipe al hombre, quien invitó al evangelista a que se lo explicara. Fue una maravillosa oportunidad de predicar a Jesús a un corazón abierto. En cuanto encontraron agua, el eunuco pidió ser bautizado. Felipe realizó el ritual y luego fue llevado por el Espíritu, dejando atrás a un eunuco rebosante de alabanza.

La última vez que las Escrituras mencionan a Felipe es cuando Pablo hace un alto en su casa de Cesarea. Felipe no solo llegó a otros con el evangelio, sino que su familia también creyó. Tenía cuatro hijas creyentes que profetizaban.

Dondequiera que iba, Felipe llevaba su mensaje. ¿Hacemos nosotros lo mismo? ¿O solo hablamos de Jesús cuando estamos en la iglesia?

FILEMÓN

Pablo, prisionero de Jesucristo, y el hermano Timoteo,
al amado Filemón, colaborador nuestro.
FILEMÓN 1.1 RVR1960

El fiel Filemón debió de sentirse honrado al recibir un
mensaje personal del apóstol Pablo. Pero el tema de la misiva
no era tan agradable, y quizás Filemón hubiera preferido
no compartir su contenido con la iglesia reunida en su casa.
El esclavo de Filemón, Onésimo, había huido de su amo,
y Pablo intuía que el rico dueño de esclavos se enojaría al
enterarse de que Onésimo estaba con él en Roma.

Sin embargo, Onésimo se había convertido al
cristianismo bajo el ministerio de Pablo. Y, para el apóstol,
el otrora inútil esclavo estaba ahora a la altura del significado
de su nombre: «útil». Pablo hubiera preferido que Onésimo
se quedara con él, pero lo envió de vuelta con la petición
de que Filemón lo tratara como a un hermano en Cristo.
Algunos estudiosos piensan que el apóstol podría incluso
haber animado a Filemón a liberarlo y devolverlo a Pablo.

A Filemón le costaba ver a los esclavos como personas,
pero Pablo le inculcó la necesidad de hacerlo. ¿Hay algunas
personas «menos importantes» o más difíciles de amar en
nuestras vidas? Dios nos llama a ser amables Filemones,
especialmente con nuestros hermanos en Cristo. No son
menos importantes para Dios que este esclavo del primer
siglo.

GEDEÓN

*Entonces le respondió: Ah, señor mío, ¿con qué salvaré
yo a Israel? He aquí que mi familia es pobre en
Manasés, y yo el menor en la casa de mi padre.*
JUECES 6.15 RVR1960

El período bíblico registrado en el libro de Jueces es quizás el
más triste de todas las Escrituras. Está en marcado contraste
con el triunfal libro de Josué.

Se nos dice que después de la muerte de Josué surgió
otra generación que no conocía al Señor ni lo que había
hecho por Israel. En vez de eso, cada uno hacía lo que
bien le parecía. Añadamos a esto que Israel desobedeció a
Dios y no había eliminado al pueblo pagano de Canaán, y
obtendremos una receta para el desastre.

En los días de Gedeón, todo Israel estaba asediado por
grupos de asaltantes madianitas y amalecitas, que venían
del otro lado del Jordán para saquear comida y cualquier
otra cosa que pudieran conseguir. Los israelitas escondían
sus productos de estos invasores en guaridas y cuevas en las
montañas. En este contexto, Gedeón tuvo un encuentro
celestial. Mientras trillaba trigo a escondidas en el lagar de su
padre, fue saludado repentinamente por un ángel: «Jehová
está contigo, varón esforzado y valiente» (Jueces 6.12
RVR1960).

Atónito, Gedeón se armó de valor para preguntar por
qué había caído en desgracia Israel. Cuando el ángel le dijo
que él iba a ser quien liberaría a Israel de sus opresores,
Gedeón se puso nervioso. Alegó la humildad del clan de
su padre, y pidió una señal para confirmar las palabras del
ángel. Por consiguiente, Dios fortaleció la fe de Gedeón
haciendo que su ofrenda ardiera milagrosamente; respondió

a sus peticiones del vellón húmedo o seco; y luego permitió que Gedeón se enterara de los temores de sus enemigos (ver Jueces 6.19–22, 36–40; 7.8–14). Qué consuelo saber que Dios Todopoderoso se nos acerca como un padre para fortalecernos en nuestra debilidad.

Dios también realizó un magistral «proceso de selección» para el grupo de soldados de Gedeón, reduciendo su número a solo trescientos hombres. Tuvo el detalle de contarle a Gedeón por qué hizo esto (ver Jueces 7.2). Entonces, con su escasa tropa armada solo con trompetas, cántaros y antorchas, Gedeón, fortalecido y guiado por Dios, creó un caos mortal en el campamento enemigo, que llevó a la derrota completa de ellos y a la victoria total de él.

Una y otra vez en la Escritura se dice a los hijos de Israel: «el Señor presentará batalla por ustedes» (ver Éxodo 14.13–14; 2 Reyes 6.8–16; 19.32–34; 2 Crónicas 20.15–17). Esas palabras son tan verdaderas para nosotros hoy como lo fueron para Moisés, Eliseo, Ezequías, Josafat y Gedeón. ¿Podemos responder con la misma fe que estos hombres?

GOLIAT

Un famoso guerrero, oriundo de Gat, salió del campamento filisteo. Su nombre era Goliat, y tenía una estatura de casi tres metros.

1 Samuel 17.4

Cuando los israelitas vieron al enorme Goliat y su impresionante armadura, se quedaron boquiabiertos. No es difícil entender por qué nadie quería luchar contra el gran paladín filisteo. ¿Quién podría ganar contra un hombre con la experiencia de batalla y las poderosas armas de Goliat?

Solo un israelita creía que tenía una oportunidad de victoria. David, un pastor que había derrotado animales salvajes con su honda, vio a Goliat como un hombre salvaje: alguien tan desaprensivo como para desafiar a Dios. El joven no pensó mucho en el tamaño ni en la armadura de su oponente; estaba demasiado ocupado pensando en su poderoso Dios.

El enfrentamiento de David con el gigante hizo que Goliat fuera un ejemplo de «cuanto más grandes son, más dura es su caída». David confiaba en Dios, y su honda apuntaba con precisión. Una piedra golpeó a Goliat justo en la frente, y el grandullón se derrumbó, muerto. Rápidamente, David agarró la espada gigante de Goliat y le cortó la cabeza mientras el resto de los filisteos corrían para salvar la vida.

Puede que nunca hayamos ido a la batalla, pero sí nos hemos enfrentado a nuestros propios gigantes. ¿Tiramos la toalla, o seguimos los pasos de David y confiamos en Dios?

HERODES

*Después de que Jesús nació en Belén de Judea
en tiempos del rey Herodes, llegaron a Jerusalén
unos sabios procedentes del Oriente.
—¿Dónde está el que ha nacido rey de los
judíos? —preguntaron—. Vimos levantarse
su estrella y hemos venido a adorarlo.
Cuando lo oyó el rey Herodes, se turbó, y toda Jerusalén con él.*

MATEO 2.1–3

Cuando Herodes el Grande no estaba contento, nadie más lo estaba. Descontento con sus hijos, asesinó a algunos, incluso a sus favoritos. Como declaró el emperador Augusto, era mejor ser el cerdo de Herodes que su hijo.

Este rey paranoico exterminaba a cualquiera que amenazara su autoridad. Por eso, cuando se enteró del nacimiento de Jesús, mató a todos los niños de Belén. Pero, aunque destruía personas, Herodes era famoso por sus proyectos de construcción: comenzó a trabajar en la reconstrucción del templo y erigió altares paganos y muchos edificios públicos.

Cuando Herodes murió, tres de sus hijos heredaron sus territorios. Herodes Antipas, quien gobernó Galilea y Perea, intervino en la disputa de los judíos que llevó a la muerte de Jesús.

Herodes el Grande pasó su vida preocupándose de no perder su poder. ¿Nos preocupamos también nosotros por las cosas de este mundo en detrimento de la eternidad? Nadie recuerda los proyectos de construcción de Herodes, pero incluso los no cristianos con algo de cultura saben que asesinó a sus hijos y a niños inocentes.

EL HIJO DE LA VIUDA DE NAÍN

Cuando llegó cerca de la puerta de la ciudad, he aquí que llevaban a enterrar a un difunto, hijo único de su madre, la cual era viuda; y había con ella mucha gente de la ciudad.
LUCAS 7.12 RVR1960

Mientras sacaban a su hijo por la puerta de la ciudad, la viuda miraba a la cara a la miseria. No tenía oportunidades para ganarse la vida y era una mujer mayor. Recibió mucho apoyo el día del entierro de su hijo, pero ¿quién la cuidaría a partir de entonces?

Jesús vio la situación y tuvo compasión. «No llores», le dijo a la afligida madre. Tocó el ataúd del joven y le dijo que se levantara. De inmediato, el muchacho se sentó y comenzó a hablar. Jesús reunió a madre e hijo mientras la multitud glorificaba a Dios y alababa a Jesús como profeta.

Si la multitud estaba asombrada, cuánto más debió de sentir el hijo. Reunido con su madre necesitada, seguramente se preguntaba por qué Jesús lo había elegido para resucitarlo a él entre toda la gente que habría muerto ese día.

Nosotros también hemos sido resucitados a una nueva vida. «¿Por qué me eligió Jesús a mí en vez de a otro?», podemos preguntarnos. Como el hijo de la viuda, solo podemos aprovechar los días que Dios nos ha dado. La elección de Dios es siempre sabia.

EL HIJO PRÓDIGO

Un hombre tenía dos hijos —continuó Jesús—. El menor de ellos le dijo a su padre: «Papá, dame lo que me toca de la herencia». Así que el padre repartió sus bienes entre los dos.
LUCAS 15.11–12

Este personaje de una de las parábolas de Jesús quizás no fuera una persona real, pero es un retrato muy fiel de la vida real. Probablemente conoces a alguien como él, o tal vez tu vida antes de conocer a Jesús no era diferente de la de este joven.

Mientras recogía su herencia, empacaba sus maletas y se iba a ver el mundo, la vida le iba bien al hijo pródigo. Como muchos jóvenes, quería poner a prueba su capacidad para hacer lo que quisiera. Le atraía vivir a lo grande, y, cuando llegó a una tierra extranjera, en seguida se entregó a casi todos los pecados a su alcance.

Pero gastarse el dinero en una vida así es una mala inversión. Con el tiempo, el hijo pródigo se encontró sin un centavo. En el momento en que solo le quedaban dos monedas, todos sus supuestos amigos desaparecieron. Ahora que no podía pagar por el vino, las mujeres y la fiesta, el hijo pródigo no valía la pena.

Cosas de la vida, en cuanto el dinero desapareció, surgió una severa hambruna. Ahora el joven tenía dos problemas. ¿Cómo se alimentaría? Nadie quería contratar a un vago redomado. Parece ser que su reputación le precedía, porque el chico acabó cuidando cerdos. Cuidar de un animal impuro habría sido detestable para un buen judío. Era lo más bajo que podía llegar el muchacho, tanto espiritual como físicamente.

Justo cuando este vagabundo estaba considerando lo bien que sabrían las algarrobas de los cerdos, se le ocurrió una idea: «¡Los sirvientes de mi padre comen mejor que esto!». Así que planeó regresar con su padre, no como un hijo privilegiado, sino como el más bajo de sus sirvientes. Después de componer un bonito y humilde discurso destinado a persuadir a su padre para que lo dejara convertirse en sirviente, se puso en camino a casa.

Cuán sorprendido debió de sentirse este pecador cuando, mientras aún se dirigía a casa, su padre corrió hacia él y lo abrazó. Mientras el hijo había estado malgastando su tiempo y dinero en tierra extranjera, su padre había estado esperándolo. Había previsto lo que iba a pasar y quería intervenir en la dura vida de su hijo lo antes posible. Lo único que buscaba era arrepentimiento en el corazón del chico.

Antes de que el pródigo pudiera balbucear alguna palabra más de admisión de pecado, su padre envió sirvientes a buscar una túnica, zapatos y un anillo que simbolizaba su autoridad. También ordenó un festín de celebración.

Naturalmente, alguien tenía que aguar la fiesta. El recto hermano mayor regresó justo a tiempo para enterarse de lo que había sucedido. Cuando supo que su hermano había vuelto, la ira le ensombreció el rostro. Se sentó afuera enfurruñado. Seguramente, un siervo se lo contó al padre, porque salió para invitarlo amorosamente a la celebración. En seguida, el hijo que hasta entonces no había hecho nada malo le hizo saber a su padre lo defraudado que se sentía. Nunca había gastado ni un cabrito en un festín con sus amigos, y aquí al pecador le habían preparado para cenar el becerro engordado. ¿Era eso justo?

El padre le recordó al hijo mayor que todo lo que tenía era suyo; de hecho, el hijo recto no había gastado su herencia, y al hijo menor no le quedaría ni un poco. Pero ¿cómo podría este tierno padre no celebrar el regreso de su hijo perdido?

La historia termina ahí. No sabemos si el hijo menor trabajó duro para reconstruir su futuro financiero, o si el hermano mayor lo perdonó. Lo que sí sabemos es que el padre, que es una imagen de Dios, amó a ambos hijos lo suficiente como para perdonarlos completamente.

Cuando lees esta historia, ¿eres el hijo pródigo o el hermano mayor? ¿Eres consciente de tu pecado o piensas en tu propia bondad? Ya sea que peques con facilidad y, con remordimientos, vuelvas a Dios arrepentido, o que tiendas a pensar demasiado en tu propia justicia y esperes de corazón que otros paguen, tienes el perdón. Todo lo que necesitas hacer es volverte hacia el Padre en amor. Él perdona tanto a los vagos como a los críticos.

EL INMORAL DE CORINTO

Es ya del dominio público que hay entre ustedes un
caso de inmoralidad sexual que ni siquiera entre
los paganos se tolera, a saber, que uno de ustedes
tiene por mujer a la esposa de su padre.

1 CORINTIOS 5.1

A menudo damos por sentado que la mayoría de los cristianos no participarán en «grandes pecados». Claro, todos luchamos con algo, pero la inmoralidad sexual del tipo que Pablo describe aquí nos impresiona tanto como impresionó a los griegos adoradores del dios de la fertilidad.

Puede darse todo tipo de comportamiento pecaminoso, incluso dentro de la iglesia. Pero suele ocurrir a puerta cerrada; y, cuando es descubierto, ¡ay del pecador! Sin embargo, en Corinto, toda la congregación sabía que cierto hombre estaba teniendo encuentros sexuales con «la esposa de su padre», a la que muchos maestros bíblicos consideran su madrastra, pero nadie intervino para reprender al pecador. Así que Pablo fue muy duro con toda la iglesia.

Estos cristianos relativamente nuevos merecían una reprensión. Todos en Corinto estaban, sin duda, cotilleando: «¿Oyeron lo que está pasando allá en la Primera Iglesia Corintia? ¡Practican el incesto!». El testimonio de la congregación había sido dañado. Así que Pablo insistió en que, para arreglar las cosas, los corintios expulsaran al hombre que había pecado.

Al pecador puede parecerle dura esta expulsión sumaria, pero, si somos sabios, no toleraremos el pecado en nuestras iglesias ni en nuestras vidas. Es mejor echar a un hombre que tener a otros atrapados en el mismo pecado. Un pecador arrepentido siempre puede regresar, pero ignorar el pecado arruinará a los cristianos y a sus iglesias.

ISAAC

A lo que Dios contestó: —¡Pero es Sara, tu esposa, la que
te dará un hijo, al que llamarás Isaac! Yo estableceré mi
pacto con él y con sus descendientes, como pacto perpetuo.
GÉNESIS 17.19

Si las cosas buenas son dignas de espera, Isaac debe de haber
sido una maravillosa. Sus padres recibieron la promesa de su
nacimiento veinticinco años antes de que sucediera. Cuando
oyeron su primer llanto, ¡cuán emocionados debían de estar
Abraham y Sara! Aquí estaba, después de todos estos años,
su hijo de la promesa del pacto.

Para protegerlo, la pareja hizo que el hermanastro
celoso de Isaac, Ismael, y su madre, Agar, abandonaran su
campamento para que nada amenazara el regalo de Dios.
Sara había tratado de ayudar a Dios y le había entregado su
criada a Abraham para que tuviera un hijo con él para ella.
Ahora Ismael era un gran problema y había que deshacerse
de él.

Entonces Dios le pidió a Abraham que sacrificara a Isaac
en un altar. Cuando padre e hijo se acercaban al lugar del
sacrificio, Isaac se dio cuenta de que les faltaba un animal
para colocar en el altar. Dios lo proveería, le prometió
Abraham. Sin embargo, de repente, Isaac se encontró
encima del altar y viendo a su padre con un cuchillo en la
mano. Cuánto debieron regocijarse ambos cuando oyeron
el balido de ese carnero entre la maleza y supieron que Dios
había provisto. Quizás Isaac se enjugó la frente con alivio.
Sin duda, la palabra «salvación» tenía un nuevo significado
para él.

Más tarde, oímos hablar de Isaac cuando Abraham
arregló el casamiento de su hijo de cuarenta años, enviando

a un siervo de vuelta a su tierra natal en busca de una novia. El siervo regresó con una muchacha de ensueño, Rebeca, sobrina nieta de Abraham, e Isaac la amó.

Pero, viendo que no llegaban los bebés, Isaac oró por un hijo. Esa debió de ser una gran oración, porque Dios les dio gemelos: Esaú y Jacob. Esaú era el predilecto de su padre, pero el hijo favorecido le vendió sin vacilar su primogenitura a Jacob. Entonces Rebeca conspiró con Jacob para obtener la bendición de Isaac, lo que le daría a Jacob autoridad sobre la familia. La maniobra de Jacob por conseguir el poder tuvo éxito, pero lo obligó a huir de la ira de Esaú. Pasarían muchos años antes de que regresara e hiciera las paces con su hermano. Pero al menos estuvo presente cuando murió su anciano padre.

La fidelidad de Dios brilla a través de la vida de Isaac. Dios le prometió a Abraham un hijo, y, aunque se demoró mucho en llegar, Isaac nació, y confió en el Señor. El incidente en el que casi sirvió de sacrificio no separó a Isaac de Dios. Ningún cambio en la vida quebró su fe. Isaac se aferró al Señor.

¿Pueden los demás decir eso de nosotros?

ISAÍAS

*Visión que recibió Isaías hijo de Amoz acerca de
Judá y Jerusalén, durante los reinados de Uzías,
Jotán, Acaz y Ezequías, reyes de Judá.*
ISAÍAS 1.1

Los cuatro reyes que escucharon los mensajes proféticos de
Isaías posiblemente escucharon la palabra de Dios de boca
de un pariente. Algunos eruditos creen que Isaías era el
sobrino del rey Amasías de Judá. Sin embargo, el profeta no
se contuvo. Presentó un mensaje directo y nada agradable:
Judá se había rebelado contra Dios y lo había ofendido una
y otra vez.

Isaías ministró en una época de inestabilidad política.
Asumió su labor profética en el año 739 a.c., el de la muerte
del rey Uzías. Durante las monarquías de Uzías y Jotán, el
militarista Imperio asirio no había prestado atención a los
pequeños países del sureste. Pero, durante el reinado de Acaz,
una sucesión de reyes asirios expandieron su imperio en
dirección a Judá.

Israel y Siria le rogaron a Judá que se uniera a ellos para
repeler a la nación invasora. No se tomaron bien la negativa
de Acaz y lucharon contra él. Cuando otras naciones
aprovecharon la ocasión para atacar a Judá y el poder de
Acaz comenzó a desmoronarse, él llamó a Asiria para que lo
apoyara. Y lo hizo. Israel fue derrotado por los asirios en el
año 722 a.c., y Judá se convirtió en un estado vasallo.

Aun así, las cosas no fueron bien para Acaz. Asiria
pretendía tener a Judá bajo su propio control, no el de Acaz.
En vez de volverse hacia Dios, Acaz siguió a los asirios en
su abierta idolatría. Cerró el templo y se llevó sus valiosos
objetos.

Cuando Isaías profetizó a Acaz, sus mensajes combinaban aliento con predicciones de destrucción futura para los oponentes de Judá. Sin embargo, Acaz ignoró al profeta y se entregó a un paganismo extremo. Fue tan malvado que, cuando murió, su pueblo no lo enterró con los otros reyes de Judá.

Aunque el libro de Isaías registra muchos mensajes que Dios habló a través de él, y conocemos la historia en el libro de Reyes, las Escrituras no nos dicen mucho acerca del profeta mismo. Sus gloriosas profecías, llenas de información sobre el Mesías venidero y de profundo entendimiento de la naturaleza de Dios, indican que era un hombre de profundísima fe.

Sin embargo, solo unos pocos capítulos de 2 Reyes muestran al profeta en acción. En el año 701 a.c., bajo el reinado de Ezequías, Judá se rebeló contra Asiria. El rey Senaquerib, decidido a hacerse con el mando de la nación, conquistó las fortalezas periféricas de Judá y envió un mensajero a Jerusalén con un ultimátum: ríndanse.

Ante la amenaza de aniquilación, el fiel Ezequías invocó al Señor y envió a sus hombres por Isaías. El profeta prometió que Senaquerib regresaría a su país, dejando a Judá intacta, y que lo asesinarían en su tierra. En seguida, Ezequías recibió un mensaje que confirmaba la primera parte de esa promesa.

Aliviado y agradecido, Ezequías alabó a Dios por la liberación, y Dios escuchó la oración del rey. Esa noche les quitó la vida a 185.000 soldados asirios, y el resto del ejército huyó a casa. Allí Senaquerib fue asesinado por sus hijos.

Ezequías debió de haber sido un gran hombre de oración, porque las Escrituras nos hablan de una vez en que estuvo enfermo e Isaías le dio la mala noticia de que no se iba a recuperar, pero Ezequías lloró delante de Dios, y el Señor extendió su vida por quince años. Isaías le dio esas buenas noticias y la promesa de Dios de proteger a Jerusalén del rey de Asiria. Como señal del profeta, la sombra retrocedió diez grados.

Cuando el rey de Babilonia envió embajadores a Ezequías, este les mostró todos sus tesoros. En la profecía final atribuida a Isaías, tuvo la triste tarea de decirle a Ezequías que todo lo que les había mostrado sería llevado a Babilonia. Pero sucedería durante el reinado de uno de sus hijos, no mientras el fiel Ezequías estuviera vivo.

Según la tradición, y como parece mencionarse en las Escrituras (ver Hebreos 11.37), Isaías acabó sus días siendo aserrado por la mitad.

Los mensajes de Isaías están llenos de imágenes vívidas, una comprensión vital de Dios, y una visión clara del plan del Señor para su pueblo. El profeta vivió cerca de Dios y obtuvo una impresionante profundidad de entendimiento por su fiel caminar con él. En una época peligrosa, habló clara y honestamente a un pueblo que no quería oírlo.

¿No quisiéramos todos ser fieles como Isaías?

JACOB

—Soy Esaú, tu primogénito —le contestó Jacob—. Ya hice
todo lo que me pediste. Ven, por favor, y siéntate a comer
de lo que he cazado; así podrás darme tu bendición.
GÉNESIS 27.19

Antes de que Jacob y Esaú nacieran, Dios prometió que
el gemelo mayor serviría al menor, lo contrario de lo
habitual en esa cultura y época. Pero Dios no se detuvo ahí.
Continuó bendiciendo a Jacob, el hijo menor, más que a
su desobediente hermano mayor, aunque el elegido Jacob a
menudo llevaba una vida lejos de ser perfecta.

Al crecer los gemelos, Jacob se convirtió en el hijo
amante del hogar, mientras que Esaú se convirtió en un
hombre del campo. Aunque Jacob era el favorito de su
mamá Rebeca, su padre, Isaac, prefería a Esaú. Un día,
cuando Isaac era viejo, débil y casi ciego, le pidió a Esaú que
trajera algo de caza y le preparara una comida. A cambio,
bendeciría a su hijo más querido, ignorando la promesa de
Dios.

Rebeca escuchó la conversación, advirtió a Jacob y urdió
una estratagema. Jacob fingiría ser su hermano. Su madre
preparó un estofado de cabra y él se cubrió en parte con pelo
de cabra, y el plan funcionó: Isaac le dio el dominio sobre
Esaú.

Pero ahora Jacob tenía que ocuparse de su hermano,
que estaba muy enojado y dispuesto a cometer un asesinato.
Para mayor seguridad de su hijo favorito, Rebeca convenció
a Isaac para que enviara a Jacob a visitar al tío Labán, para
buscar esposa. Durante el viaje, Jacob tuvo un sueño en el
que Dios le prometió bendecirlo.

Pero el engañador estaba a punto de recibir una muestra de su propia medicina. En cuanto se acercó al territorio de Labán, Jacob conoció a su prima Raquel y se enamoró de ella. Le prometió a su tío que trabajaría siete años por su esposa.

Pero la hija mayor y menos hermosa de Labán, Lea, tenía que casarse primero. Así que, en la noche de bodas, el astuto Labán metió a la mujer que no era en la tienda de Jacob. Por la mañana, el joven no pudo más que admitir que tenía una esposa a la que no amaba, y negociar un nuevo trato para conseguir a Raquel.

Así que Jacob comenzó una vida que negaba el plan de Dios. Para ganarse a Raquel, trabajó otros siete años para su tío. Mientras tanto, Lea comenzó a tener hijos —mientras que Raquel permanecía estéril— y surgió la rivalidad entre las hermanas. Desesperada por darle un hijo a Jacob, Raquel le entregó a su criada para que esta le diera hijos. Entonces Lea también le dio su criada a Jacob.

Al poco tiempo, Jacob tenía más mujeres de las que podía manejar, y ellas seguían sumando miembros a la familia. Al final, Jacob tuvo doce hijos y una hija. El conflicto debió de haber inundado el campamento hasta darle a Jacob ganas de irse. En vez de marcharse, se quedó para conseguir un gran rebaño, haciendo con Labán un trato que torció para su propio beneficio. Sin embargo, a pesar de su naturaleza conspiradora, Jacob fue bendecido por Dios.

Luego Jacob tomó a su familia y se mudó a su tierra natal. Y Dios le cambió el nombre por el de Israel.

El reencuentro de Israel con Esaú fue sorprendentemente tranquilo. Pero, en Siquem, su hija Dina fue violada por el hijo del rey. Dos de los hijos de Israel, Simeón y Leví, casi iniciaron una guerra por el asunto, así que Israel y su familia con sus rebaños se mudaron a Betel. Allí Dios le dio a Israel su promesa del pacto, y construyó un altar.

Justo cuando a Israel podría parecerle que las cosas se estaban asentando, sus hijos mayores vendieron a su hijo favorito, José, el primogénito de Raquel, y la tristeza inundó el campamento. Durante años, Israel no supo lo que realmente sucedió, hasta que llegó una sequía y envió a sus hijos a Egipto a buscar provisiones. Allí descubrieron que el hermano al que creían muerto era ahora el segundo hombre más poderoso de Egipto.

A petición de José, Israel y su familia viajaron a Egipto, donde José pudo cuidar de ellos. Israel bendijo a sus hijos antes de morir en Egipto y les hizo prometer que devolverían su cuerpo a su patria. José hizo embalsamar el cuerpo de su padre y regresó a su tierra natal para cumplir esa promesa.

Aunque Jacob tuvo temporadas en las que su obediencia a Dios distó de ser perfecta, Dios nunca cambió en su propósito ni su compromiso. No abandonó a Israel. Aunque nos encontremos en situaciones desconcertantes que se desarrollan de maneras inesperadas, Dios tampoco se dará por vencido con nosotros, mientras busquemos su voluntad.

JACOBO, EL HERMANO DE JESÚS

*¿No es acaso el carpintero, el hijo de María y hermano de
Jacobo, de José, de Judas y de Simón? ¿No están sus hermanas
aquí con nosotros?
Y se escandalizaban a causa de él.*

MARCOS 6.3

Cuando la verdad de que Jesús era más que un hombre
normal golpeó repentinamente a los habitantes de Nazaret,
se quedaron asombrados. ¿Cómo podría ser más que un
hombre común y corriente? Después de todo, ¿no era igual
que su hermano Jacobo? Una persona admirable tal vez,
pero nada más.

La verdad es que al principio Jacobo tampoco creía en las
afirmaciones de su medio hermano. Tal vez no podía alejarse
de sus enseñanzas, pero eso no significaba que tuviera que
estar de acuerdo con Jesús.

Pero se produjo un cambio en Jacobo. En el libro de
Hechos aparece como líder de la iglesia: habló en nombre
del concilio de Jerusalén que escuchó las objeciones de
Pablo a la circuncisión para los gentiles, y Pablo reportó a
ese concilio sobre su experiencia misionera cuando regresó a
Jerusalén.

Jacobo fue probablemente el autor del libro bíblico que
lleva su nombre, el cual está lleno de guía para vivir una
vida cristiana efectiva. Dentro de la iglesia primitiva, era
conocido como Jacobo (o Santiago) el Justo, debido a su
carácter íntegro. Fue martirizado en el 62 A.D., después de
haber sido expulsado del templo.

Cuando hemos llegado a conocer a Jesús y hemos visto
su poder, ¿hemos tenido un cambio de corazón como el que
tuvo Santiago, de la incredulidad a la fe?

JACOBO, HIJO DE ZEBEDEO

*Jacobo y su hermano Juan, hijos de Zebedeo (a quienes
llamó Boanerges, que significa: Hijos del trueno).*
MARCOS 3.17

Mientras Jacobo y su hermano Juan remendaban en
silencio sus redes de pesca, Jesús los llamó a convertirse
en pescadores de hombres. Estos dos tipos impulsivos
—«Hijos del trueno», los llamó Jesús— no se detuvieron a
pensar; simplemente saltaron de la barca y corrieron hacia
el Maestro. Pero fue la mejor decisión impulsiva de su
vida. Los dos pasaron de ser parte de un negocio familiar a
convertirse en miembros clave de la familia de Dios.

Jacobo y Juan llegaron a formar parte del círculo
íntimo de los discípulos más confiables de Jesús. Jacobo
estuvo allí cuando Jesús sanó a la madre de Simón Pedro
y cuando resucitó discretamente a la hija de Jairo de entre
los muertos. Solo Pedro, Jacobo y Juan fueron testigos de
este segundo hecho. Tuvo que haber una confianza especial
entre estos hombres y su Señor.

Los mismos tres discípulos vieron en el monte de la
Transfiguración cómo la ropa de Jesús se volvió blanca y
brillante y cómo hablaba con Elías y Moisés. Sorprendidos
por este vislumbre de la gloria eterna de Jesús, ninguno de
los tres apenas supo cómo reaccionar. Pero guardaron el
secreto cuando Jesús les ordenó que lo hicieran.

Al dirigirse a Jerusalén por última vez, Jesús se detuvo en
un pueblo samaritano que no era nada acogedor. Cuando
Jacobo y su hermano vieron la actitud de ese pueblo,
sugirieron una respuesta muy cristiana: «Hagamos que
descienda fuego del cielo y aniquile a esta gente». Jesús, por

supuesto, reprendió a estos dos, que todavía tenían un largo camino por recorrer en su fe.

En Jerusalén, la madre de los hermanos, Salomé, le hizo una petición: quería que Jesús les diera a sus hijos un lugar junto a él en su reino. Quizás había escuchado a sus hijos hablar de uno de los temas favoritos de los Doce: ¿quién era el más grande entre ellos? ¿Acaso no es lo máximo ver a tus hijos triunfar en su trabajo?

Cuando Jesús respondió preguntando si podían beber la copa que él estaba a punto de beber, Jacobo y Juan afirmaron confiados que sí. Estos dos no dudaban en sus propias fuerzas.

Finalmente, en el jardín de Getsemaní, los tres discípulos de confianza escucharon las oraciones de Jesús mientras se preparaba para su gran sacrificio. Sin embargo, el nombre de Jacobo no aparece en los relatos de la crucifixión. Aunque se nos dice que Juan y Salomé se quedaron allí mirando, no se menciona ni a Jacobo ni a Pedro. La siguiente vez que tenemos noticias de Jacobo es en Hechos 12.2, cuando Herodes Agripa lo mató a espada.

Seguro de sí mismo e impetuoso, tal vez Jacobo no parezca estar hecho de la mejor pasta para ser apóstol. Pero Dios lo llamó, y él lo siguió resueltamente, a pesar de sus fallas. Dios usa todas las personalidades, al descarado y al tímido, para hacer su obra, si tan solo lo seguimos.

JEREMÍAS

Las palabras de Jeremías hijo de Hilcías, de los sacerdotes
que estuvieron en Anatot, en tierra de Benjamín. Palabra
de Jehová que le vino en los días de Josías hijo de Amón,
rey de Judá, en el año decimotercero de su reinado.
JEREMÍAS 1.1–2 RVR1960

Jeremías es conocido como el «profeta llorón» de Judá, y
tenía muchos motivos para llorar, como se ve al leer sus
profecías y el libro de Lamentaciones. Le habló a un pueblo
que se negaba a escuchar su mensaje, en el último esfuerzo
desesperado de Dios por alcanzar a la nación de Judá
antes de que la destrucción cayera sobre ellos. Jeremías fue
llamado a su ministerio cuando aún era joven, y nunca se
casó; comunicó con determinación el llamado de Dios al
arrepentimiento durante más de cuarenta años.

Asiria, que había conquistado a Israel, fue la primera en
caer ante los caldeos de Babilonia. El conflicto entre estas
dos superpotencias permitió a Judá prosperar bajo el buen
rey Josías. Cuando Josías murió en una batalla contra los
egipcios, los aliados de Asiria, Jeremías lamentó la pérdida
del rey. Egipto se llevó cautivo a Joacaz, el hijo de Josías, e
hizo rey a su hermano Joaquín.

En el año 612 A.C., los babilonios conquistaron Asiria
y comenzaron a construir un imperio. Jeremías comenzó
a advertir a su pueblo rebelde de su peligroso futuro. El
rey babilonio Nabucodonosor los invadió, y Joaquín se
convirtió en su vasallo, pero tres años después se rebeló.
Tras un convulso reinado de once años, el malvado Joacim
murió, y su hijo menor, Joaquín, lo sucedió en el trono.
En poco más de tres meses, Nabucodonosor reemplazó a
Joaquín por el malvado Sedequías.

La vida seguramente se le haría casi insoportable a Jeremías ante la infidelidad del nuevo rey, de los sacerdotes y del pueblo. Sedequías se rebeló contra Nabucodonosor, quien tomó represalias atacando Jerusalén. Después de la retirada repentina de los babilonios, Jeremías fue tachado de traidor por su pueblo y lo encarcelaron hasta que un eunuco de la casa del rey acudió en su ayuda.

Nabucodonosor tomó represalias por la rebelión de Judá quemando tanto la ciudad como el templo de Jerusalén y matando a todos los nobles y a los hijos de Sedequías. El rey salvó la vida, pero le sacaron los ojos y fue llevado cautivo a Babilonia. Jeremías también fue liberado de la muerte, y finalmente fue llevado a Egipto cuando su pueblo huyó allí, en contra de su consejo. Lo más probable es que muriera en Egipto.

Aunque sostuvo grandes luchas y recibió agudas heridas por parte tanto de los reyes como de la gente común, Jeremías se mantuvo siempre fiel a su Dios inmutable. Sus circunstancias no condicionaban lo que tenía que hacer o creer. Pero su fe sí determinaba todo lo que creía y hacía. Cuando nuestra vida pasa tribulaciones, ¿seguimos los fieles pasos de Jeremías?

JESÚS

*Jesús les dijo: Mi comida es que haga la voluntad
del que me envió, y que acabe su obra.*
JUAN 4.34 RVR1960

¿Por dónde empezamos a hablar de Jesús? Después de todo,
¿no dijo el apóstol Juan que, si se hubiera escrito todo lo que
hizo Jesús, el mundo no podría contener todos los libros
sobre él?

Qué mejor lugar para comenzar que con aquello que él
mismo consideraba fundamental. En muchas ocasiones a lo
largo de los Evangelios, Jesús se refiere a «el que me envió».
Consciente de la misión para la que había sido enviado,
Jesús también se comprometió de todo corazón con Aquel
que lo había enviado.

Para cumplir la voluntad de su Padre, Jesús tuvo que
vindicar la gloria de su Padre, que Satanás había intentado
usurpar inútilmente. Sí, Jesús vino a morir en expiación por
el pecado, pero su mayor objetivo era glorificar a su Padre.
Jesús estaba decidido a mostrarle al universo entero que,
al contrario de lo que afirmaba Satanás, Dios Padre seguía
siendo santo, justo y recto. El cumplimiento de este objetivo
culminó en la crucifixión, muerte y resurrección de Jesús.

¿Tenemos la más mínima idea de lo que le costó a Jesús
vivir así? Entre otras cosas, tenía que cumplir perfectamente
toda la ley que Dios le había dado a Moisés, y fue el único
que la cumplió. Aparte de eso, tenía que cumplir todas las
profecías mesiánicas. Juan el Bautista se quedó atónito al ver
a Jesús que se acercaba para ser bautizado: «Yo necesito ser
bautizado por ti, ¿y tú vienes a mí? Pero Jesús le respondió:
Deja ahora, porque así conviene que cumplamos toda
justicia» (Mateo 3,14–15 RVR1960). Jesús no tendría que

ser bautizado, porque nunca había pecado. Aun así, siguió adelante con el rito para poder presentarse como *el* que quita el pecado.

Sin duda, Satanás hizo todo lo posible para hacer tropezar a Jesús. Justo después de su bautismo, las Escrituras dicen que Jesús fue llevado por el Espíritu Santo al desierto. Estando allí, ayunó durante cuarenta días, después de los cuales tuvo hambre. Satanás aprovechó esta oportunidad para tentarlo.

En tres ocasiones, el maligno lo intentó apelando a la necesidad, la avaricia y el ego, todos ellos impulsos humanos básicos. Sin embargo, para cada tentación, Jesús usó solo un arma: la Palabra de Dios. Nada iba a impedirle cumplir la voluntad del Padre, no importaba lo que Satanás lanzara contra él.

Una gran parte del cumplimiento de la voluntad del Padre por parte de Jesús tenía que ver con la selección y formación de doce hombres normales para que fueran sus apóstoles. Esta fue una verdadera prueba para Jesús. A diferencia de él, todos ellos tenían sus faltas y debilidades, y uno de ellos lo iba a traicionar. Por si esto fuera poco, Jesús contó con solo tres breves años para preparar a estos hombres para convertirse en sus principales embajadores. Si alguna vez tenemos la tentación de sentir que no estamos a la altura para Jesús, basta con que miremos a los apóstoles para tener mejor perspectiva. Aquí tenemos a un grupo de hombres imperfectos, que con demasiada frecuencia buscaban su propia voluntad en vez de la de Dios.

Aun así, Jesús los soportó con paciencia y no se dio por vencido ni una sola vez, ni siquiera en aquella fatídica noche en Getsemaní, cuando todos lo abandonaron.

Getsemaní fue la siguiente peor prueba de Jesús. Lo más duro fue cuando el Padre le dio la espalda cuando colgaba de la cruz. Jesús se hizo pecado en esa cruz, hundiéndose más bajo de lo que ningún ser humano ha tenido o tendrá que hundirse jamás. El Padre, repelido por el pecado, no podía soportar mirar a su Hijo. Desesperado, Jesús clamó: «Dios mío, Dios mío, ¿por qué me has desamparado?» (Mateo 27.46 RVR1960). Luego vino el triunfo de todos los triunfos. Jesús, sabiendo que había cumplido hasta lo último la voluntad del Padre, dijo: «Consumado es». Es imposible pronunciar palabras más hermosas de liberación.

El arma de Jesús contra Satanás es también la nuestra. Nunca olvidemos que la Palabra de Dios es todo lo que necesitamos buscar, conocer y hacer para que su voluntad se convierta en la nuestra. También es todo lo que necesitamos para repeler los dardos de fuego que Satanás nos lanza.

JOB

*En la región de Uz había un hombre recto e
intachable, que temía a Dios y vivía apartado
del mal. Este hombre se llamaba Job.*

JOB 1.1

«¿Por qué les suceden cosas malas a los grandes creyentes?»,
se preguntaba Job. Había pasado su vida tratando de seguir
a Dios, ofreciendo los sacrificios debidos, poniendo en
primer lugar su vida espiritual. Pero un día todo pareció
desmoronarse. Job pasó de ser dueño de miles de cabezas de
ganado y de tener una familia feliz a perderlo todo: bueyes,
burros, ovejas y camellos fueron robados o asesinados. Antes
de que los mensajeros que le trajeron la noticia pudieran
terminar su relato, otro vino a decirle que todos sus hijos
habían muerto al caer la casa debido a un viento terrible.

Sin embargo, Job adoró a Dios.

Le salieron llagas por todo el cuerpo. Aun así, se aferró
firmemente a su integridad, aunque su esposa, que no lo
apoyaba, le sugirió que maldijera a Dios y se muriera.

Tres amigos de Job vinieron a consolarlo. Durante una
semana se sentaron, con la boca cerrada. ¿Qué le podían
decir a un hombre fiel que había sufrido de manera tan
intensa? Cuando finalmente comenzaron a hablar, es
probable que Job hubiera deseado taparles la boca. Como
no sabían cómo reaccionar ante sus problemas, en seguida
llegaron a la conclusión de que Job había pecado. ¿Por qué
si no lo castigaría Dios? Job discutía con ellos mientras
gritaban sin parar que era imposible que fuera inocente.
Al escuchar a Job, nos hacemos una clara imagen del dolor
físico, espiritual y emocional que lo acuciaba.

Justo cuando los tres podrían haber terminado, Eliú, un joven, se unió a la paliza. Aunque glorifica a Dios, como los otros consoladores que no consuelan, también termina condenando a Job.

Al final, Dios interviene y responde a Job de una manera extraña. No le explica que esas cosas habían ocurrido porque le estaba mostrando a Satanás la fidelidad de Job. En vez de eso, el Señor le da a Job una gloriosa imagen de su poder y autoridad. Job se queda sin palabras. Mientras Dios sigue hablando, Job admite su propia ignorancia y se arrepiente.

Dios reprende a los consoladores que no consolaban. Les ordena que hagan un sacrificio de arrepentimiento y les promete que Job orará por ellos.

Dios le devolvió a Job todo lo que había perdido: nuevos rebaños y una nueva familia. Pero la mejor parte de esta nueva vida fue probablemente la renovada y más profunda relación de Job con el Señor. Podía confiar en Dios, no importaba lo que pasara en su vida, porque el Señor era infinitamente más grande de lo que se había imaginado.

Cuando enfrentemos pruebas, ¿recordaremos al Dios que se reveló a Job y pondremos todo nuestro futuro en sus manos?

JOEL

Esta es la palabra del Señor, que vino a Joel hijo de Petuel.
JOEL 1.1

En realidad, no sabemos mucho sobre Joel, ni siquiera sobre
su libro de la Biblia, más allá de la evidencia que esta da
sobre sí misma.

Como Joel no menciona su país ni a su rey, no podemos
fechar su libro con precisión. Está muy preocupado por
Jerusalén, así que probablemente era de Judá, pero los
eruditos no están de acuerdo sobre el tiempo en que vivió.
Joel utiliza el lenguaje típico de todos los profetas, por lo
que el uso de métodos lingüísticos para fechar su libro no ha
tenido éxito.

Joel informa sobre la desolación de la tierra por parte de
langostas e invasores. La desesperación inunda al pueblo, y
el profeta llama al arrepentimiento. Luego describe el día del
Señor, tanto en el sentido inmediato, cuando su pueblo es
atacado, como en la visión a largo plazo en la cual el Señor
juzgará a todas las naciones. Un día, cuando las naciones
paganas sean juzgadas, el pueblo de Dios será restaurado. En
cualquier caso, Joel anima al pueblo de Dios a confiar en él
como su refugio. Su libro termina con las palabras «El Señor
hará su morada en Sión» (Joel 3.21).

Ya sea que venga sobre nosotros el desastre o la
bendición, ¿creemos que Dios sigue en su trono y gobierna
nuestras vidas?

JONÁS

Y Jonás se levantó para huir de la presencia de Jehová a Tarsis.
JONÁS 1.3 RVR1960

Bueno, aquí tenemos a un hombre que no necesitaba que le enseñaran a tener prejuicios. Para Jonás, era natural odiar esa ciudad-estado malvada llamada Nínive.

Irónicamente, el nombre Nínive significa «morada agradable». Se cree que la ciudad era una auténtica maravilla. La Escritura se refiere a ella como «aquella gran ciudad» (Jonás 1.2 RVR1960). Estaba rodeada de altas murallas y numerosas torres de vigilancia. En tiempos de Jonás, las defensas de Nínive eran incomparables. Dentro de la ciudad, había una serie de edificios y palacios cuya decoración rivalizaba con la de cualquier otra gran ciudad de su tiempo. El comercio y la industria de Nínive eran prósperos y sin comparación.

Sin embargo, a pesar de todo su esplendor y magnificencia, Nínive era una abominación a los ojos de Dios. Él le dijo a Jonás: «Levántate y ve a Nínive, aquella gran ciudad, y pregona contra ella; porque ha subido su maldad delante de mí» (Jonás 1.2 RVR1960). ¡Espera un momento! ¿Un profeta hebreo enviado a predicar a una ciudad pagana y además archienemiga de Israel? ¡Increíble!

¿Qué clase de maldad podría haber despertado la ira de Dios? Por un lado, Nínive era un lugar donde la gente común, ordinaria y corriente no importaba. Había un desenfreno de embriaguez e inmoralidad sexual del tipo más vil. Prosperaba casi cualquier clase de crimen o vicio dentro de sus muros. ¿Te suena familiar?

Por si esto fuera poco, los asirios no destacaban por su compasión hacia los pueblos conquistados. En todo caso, eran despiadados y bárbaros en su trato, como lo demuestran los montículos de calaveras que servían como «monumentos» a sus conquistas. Aparte de todo esto, no les importaban mucho ni Judá ni Israel. De hecho, hubieran preferido convertir ambos reinos en escombros.

No es de extrañar que a Jonás no le hiciera gracia ir a Nínive. Es muy probable que el mismo Jonás pudiera haber sido víctima de la crueldad asiria como resultado de una de sus incursiones militares en Israel. Eso solo habría reforzado su odio hacia Nínive y apoyado su decisión de desobedecer a Dios.

Cuando, después de convertirlo en cebo para peces, Dios consiguió finalmente su atención, el profeta se dirigió resueltamente a Nínive. Conseguir la atención de los ninivitas no fue un gran problema para Jonás, ¡porque era un espectáculo —y un olor— digno de contemplar! Atrajo a multitudes en Nínive, pero ellos sin duda guardaban la distancia, tapándose la nariz. Le llegó la noticia al rey de este tema de conversación sobre un nefasto mensaje de perdición implacable. Entonces, para asombro y disgusto de Jonás, todo el pueblo de Nínive, así como todos sus animales, se vistieron de cilicio y cenizas, y el pueblo oró para que Dios no los castigara.

Jonás conocía la misericordia de Dios. Dijo: «porque sabía yo que tú eres Dios clemente y piadoso, tardo en enojarte, y de grande misericordia, y que te arrepientes del mal» (Jonás 4.2 RVR1960). Aun así, Jonás deseaba que Nínive hubiera perecido condenada.

¿Dónde están o qué son las Nínive de nuestras vidas? ¿Son ciudades o lugares que no podemos soportar, cuya sola existencia nos pone de los nervios? ¿Son quizás equipos deportivos que nos encanta odiar? ¿Quiénes podrían ser los ninivitas en nuestras vidas? ¿Son personas con una filosofía particular o con una inclinación diametralmente opuesta a la nuestra? ¿Son personas cuyo idioma o color de piel son diferentes al nuestro? Todos tenemos nuestros prejuicios, ¿no? Y, aunque no nos gusta admitirlo, en el fondo, todos tenemos nuestros odios también.

En un mundo con mayoría de incrédulos, es muy probable que aquellos a quienes odiamos o que no nos agradan ni siquiera conozcan a Jesús, y en muchos casos no podrían interesarse menos por él. ¿Estamos contentos dejándolos ir literalmente al infierno? Así se sentía Jonás hasta que Dios traspasó su dura corteza. ¿Qué se necesita para que Dios quebrante nuestra dureza de corazón en lo que concierne a los perdidos?

JONATÁN

*Pues [Jonatán] quería a David como a sí
mismo. Por ese cariño que le tenía, le pidió a
David confirmar el pacto bajo juramento.*
1 SAMUEL 20.17

Si mencionas el nombre de Jonatán, el de David también
aparece de inmediato en tu mente. Porque la de ellos era la
más amistad más fuerte entre dos hombres registrada en las
Escrituras.

Pero la vida no siempre les fue bien a estos amigos.
Aunque Jonatán era el hijo mayor del rey Saúl, no podía
controlar las acciones de su padre contra David. A medida
que el joven jefe militar que había matado a Goliat, por
denigrar a Dios, se fue haciendo más popular, Saúl se volvió
cada vez más celoso, incluso hasta la locura.

Jonatán, un valiente guerrero que había atacado en
solitario a los filisteos, sentía tanto amor por David que no
había lugar para la envidia en su relación. Aunque sabía que
Dios estaba decidido a reemplazar a Saúl como rey, Jonatán
nunca se enojó con David, quien ocuparía el trono. Ser el
heredero del reino de Saúl era menos importante que hacer
la voluntad de Dios. Si Dios quería que su amigo gobernara,
Jonatán le seguiría.

Su amistad comenzó con la primera impresión, y
Jonatán hizo un pacto con su nuevo amigo. Pero su
relación se tensó rápidamente cuando el pueblo de Israel
elogió a su nuevo comandante. Lleno de envidia, Saúl
trató de matar a David, primero él mismo, con una lanza,
y luego enviándolo a una batalla contra los filisteos para
ganarse el premio de casarse con la hija de Saúl, Mical.
Como los filisteos no hicieron el trabajo por él, Saúl trató

de hacer que Jonatán matara a David. En vez de eso, el príncipe advirtió a su amigo y trató de convencer a Saúl de que David solo le había aportado beneficios. Por un momento, el rey pareció estar de acuerdo, pero un espíritu maligno vino de nuevo sobre él y le hizo atacar a David. Mical ayudó a escapar a su marido.

Jonatán se mantuvo en contacto con su amigo, para disgusto de su padre. Saúl también intentó lancear a Jonatán. Sabiendo que su padre estaba dispuesto a matar a David, Jonatán le advirtió con una señal acordada.

Jonatán murió en una batalla contra los filisteos, junto con su padre y dos de sus hermanos.

David lamentó sus muertes, pero comenzó una contienda con Isboset, el hermano de Jonatán, por el trono que Dios le había prometido. Después de conseguir el trono, David mantuvo su pacto con Jonatán y trató con deferencia al hijo de este, Mefiboset.

El carácter fiel de Jonatán lo movió a hacer grandes sacrificios por su amigo. ¿También nos preocupamos por los intereses de nuestros amigos, o estamos demasiado ocupados teniendo envidia de sus logros?

JOSÉ DE ARIMATEA

Cuando llegó la noche, vino un hombre rico de Arimatea,
llamado José, que también había sido discípulo de Jesús.
MATEO 27.57 RVR1960

Imagina que eres un alto funcionario del gobierno de tu
país. Tienes una reputación y una riqueza que salvaguardar,
por no hablar del bienestar de tu familia. También
has estado acompañando en secreto a una figura muy
controvertida. Ser descubierto podría significar tu ruina. Eso
es a lo que José de Arimatea se enfrentaba cuando entró a
la audiencia de Poncio Pilato para pedir el cuerpo de Jesús.
Sin embargo, José hizo aún más que eso. Él y Nicodemo,
un colega del sanedrín judío, bajaron a Jesús de la cruz y lo
enterraron en una tumba propiedad de José. Para esto hacía
falta valor. Y, teniendo en cuenta la forma de ejecución,
también necesitaban tener bastante «estómago». El cuerpo
de Jesús no era una visión agradable en ese momento. Este
entierro no era para gente pusilánime.

José lo arriesgó todo ese día. Es muy posible que se
hubiera enfrentado a otros colegas que lo pusieron en
entredicho. Algunos, a partir de ese día, posiblemente no
quisieron tener nada que ver con él. Sin embargo, con su
osadía de aquel primer Viernes Santo, José personificó la
palabra *nobleza*.

¿Qué habríamos hecho si hubiéramos estado en su lugar?

JOSÉ, HIJO DE JACOB

Así que el faraón le informó a José:
—Mira, yo te pongo a cargo de todo el territorio de Egipto.
GÉNESIS 41.41

El cumpleaños de José debió de ser uno de los días más felices en la vida de Jacob y su esposa favorita, Raquel. Pero no fue el día más feliz en la vida de todos los de su campamento. Porque Jacob amó más que nadie a este hijo, y sus otros hijos, de otras esposas, no lo apreciaron.

Como suele pasar a esa edad, cuando José tenía la oportunidad de delatar a sus hermanos mayores, no la dejaba pasar. Y, cuando tenía sueños que demostraban que era más importante que ellos, no podía evitar presumir. Así que sus hermanos tomaban represalias cuando papá no estaba cerca. Mientras sus diez hermanastros vigilaban los rebaños de la familia, José vino a ver cómo estaban. Los hermanos arrojaron al favorito de papá en una cisterna por un tiempo, y luego lo vendieron como esclavo a unos mercaderes madianitas que pasaban por allí. Los diez tomaron la túnica de colores que Jacob le había dado a José, la mojaron en sangre de cabra y le contaron que José había muerto, atacado por un animal salvaje.

Mientras José descubría las penalidades de la esclavitud, Jacob lloraba la pérdida de su hijo. José había sido llevado a Egipto y vendido a la casa de Potifar, el capitán de la guardia del faraón. A pesar de su falta de libertad, José se aferró a su fe y sirvió bien a su nuevo señor, porque Dios lo bendijo.

Esa bendición llamó la atención de Potifar, quien ascendió a José a responsable principal su casa. Aunque seguía siendo un esclavo, José tenía cada vez más libertad de movimiento.

Y, aunque la esposa de Potifar deseaba a José, el fiel esclavo la rechazó repetidamente. Finalmente, acorraló a José y le exigió que se acostara con ella. Consciente de su peligrosa situación, José se alejó corriendo de ella, dejando sus ropas en su mano.

Para fingir su honra, esta esposa infiel acusó a José de intentar seducirla. Enfurecido, Potifar lo metió en la cárcel. Pero, incluso allí, José prosperó. Terminó a cargo de todos los prisioneros. No era el típico camino hacia el éxito, pero José estaba subiendo en la escala de responsabilidades más rápido de lo que podía imaginar. Simplemente no lo parecía en este momento.

Después de un tiempo, dos prisioneros importantes fueron encarcelados: el copero y el panadero del faraón. José los atendió. Una noche, cada uno tuvo un sueño y quiso que lo interpretaran, así que José les hizo el favor. El copero recibió buenas noticias: pronto sería liberado. Pero, en cuanto al panadero, José previó su muerte. Y eso fue lo que pasó.

Aunque José le había pedido al copero que se acordara de él, la vida en la corte debe haberle atrapado. Hasta dos años después, cuando el faraón tuvo un par de pesadillas, el copero no se acordó de José. Entonces el esclavo hebreo fue llevado ante el rey de Egipto. José le explicó que los sueños que tenía eran la doble advertencia de una hambruna por venir.

Le aconsejó al faraón que tomara medidas recogiendo alimentos en los años buenos que precederían a los años de escasez.

Inmediatamente, el faraón nombró a José para que supervisara el proyecto y lo puso al frente de todo Egipto. Durante siete años, recogió el grano del país.

Entonces vino el hambre, y se juntó en Egipto gente de todas las naciones para comprar grano. Un día aparecieron los hermanos de José. Como no se fiaba, José los puso a prueba. Los acusó de espionaje y los arrestó. Después de tres días, liberó a todos menos a Simeón y exigió que le trajeran a su hermano menor, Benjamín, si querían que les devolviera a Simeón.

Solo cuando casi ya no tenían comida, los hermanos pudieron convencer a Jacob de que les permitiera regresar a Egipto con Benjamín. En Egipto, José volvió a probar a los diez, haciendo que acusaran a Benjamín de robo. Pero esta vez, en vez de entregar a su hermano a la esclavitud, los diez rogaron por su libertad.

Seguro del cambio de corazón de sus hermanos, José les reveló quién era y se las arregló para traer a toda la familia a Egipto.

José comenzó como un joven irreflexivo, pero la esclavitud y la necesaria dependencia de Dios le dieron una gran sabiduría que lo llevó al éxito. Cuando sufrimos cosas mucho menos graves que la esclavitud, ¿las usamos como una oportunidad para crecer en sabiduría de Dios? Lo que le funcionó a José también nos funcionará a nosotros.

JOSÉ, PADRE ADOPTIVO DE JESÚS

*Y él [José], despertando, tomó de noche al
niño y a su madre, y se fue a Egipto.*
MATEO 2.14 RVR1960

José ya había pasado por pruebas que habrían deshecho
a otros hombres de menor fortaleza. Había tenido que
enfrentarse al hecho de que su futura esposa ya estaba
embarazada, ¡y no de él! Un mensajero angélico le dijo que
siguiera adelante con su compromiso pese a todo, porque
María había concebido por el Espíritu Santo. Entonces
José y su esposa embarazada se vieron obligados a hacer un
arduo viaje a Belén para poder empadronarse en la ciudad
de sus antepasados por cuestiones fiscales. A su llegada,
descubrieron que todos los alojamientos estaban ocupados.
José y su esposa tuvieron que hacer noche en un establo
apestoso. Por si fuera poco, María se puso de parto y tuvo a
su bebé en ese mismo momento y lugar. Después de recibir
la visita de un extraño séquito de sabios de Oriente, otro
mensajero angélico le dijo a José que se apresurara y huyera
¡a Egipto!

Si hablamos de dedicación, este hombre sobresalía
como nadie en esa virtud. Nunca lo oímos refunfuñar ni
quejarse. No leemos mucho más sobre él después de la huida
a Egipto. Sin embargo, José no es una simple nota al pie
del Nuevo Testamento. Dios usó magistralmente a hombres
tranquilos, sencillos y obedientes como aquel para desplegar
su maravilloso plan de salvación.

Dios todavía está llenando su aljaba de hombres así hoy
en día.

JOSÍAS

*Josías tenía ocho años cuando ascendió al trono, y reinó en
Jerusalén treinta y un años. Su madre era Jedidá hija de
Adaías, oriunda de Boscat. Josías hizo lo que agrada al SEÑOR.*
2 REYES 22.1–2

Josías llegó tras dos reyes inusualmente malvados: su
abuelo Manasés y su padre Amón. Estos dos hicieron todo
lo posible por destruir la vida espiritual de Judá. Pero, a
la edad de dieciséis años, Josías comenzó a buscar a Dios,
y cuatro años más tarde comenzó a quitar las influencias
paganas en Judá destruyendo los ídolos y sus altares.

En el año dieciocho del reinado de este buen rey, cuando
Josías ordenó reparar el templo, el sumo sacerdote descubrió
el Libro de la Ley de Moisés. De inmediato, se lo envió al
rey, quien mandó que se lo leyeran. Cuando Josías descubrió
cuánto se habían alejado de Dios él y su pueblo, se rasgó las
vestiduras angustiado.

Consultó a la profetisa Hulda, quien predijo el desastre,
pero no durante la vida de Josías. El rey hizo leer el libro
ante el pueblo y reinstituyó la celebración de la Pascua.
Pero, cuando fue a la batalla contra el faraón Neco, Josías
fue gravemente herido por los arqueros egipcios y murió en
Jerusalén.

Recordamos a Josías por su actitud hacia la Palabra de
Dios. Reconoció su importancia, se aseguró de que el pueblo
conociera su contenido y alentó a los demás a obedecer sus
mandamientos. Su actitud afectó a toda una nación.

¿Seremos conocidos por amar y obedecer las Escrituras,
o estamos demasiado ocupados obedeciendo el llamado de
alguna otra cosa?

JOSUÉ

Entonces Moisés le ordenó a Josué: «Escoge algunos de nuestros hombres y sal a combatir a los amalecitas. Mañana yo estaré en la cima de la colina con la vara de Dios en la mano».
ÉXODO 17.9

Cuando Josué dirigió a los israelitas en la batalla contra los amalecitas, la victoria no dependía de su plan de batalla, sino de la mano de Moisés. Porque, cuando el profeta levantó la mano, Israel prevaleció. A medida que pasaba el día, algunos líderes israelitas levantaron las manos cansadas de Moisés, y Josué llevó a su pueblo a la victoria. Esa batalla, en la que se nos presenta a Josué por primera vez, nos muestra rasgos distintivos de su vida: llegó a ser un luchador fuerte y de profunda fe.

Desde joven, Josué fue la mano derecha de Moisés. Josué fue el único que acompañó a Moisés al monte Sinaí para recibir los Diez Mandamientos. El asistente de confianza de Moisés también pasó mucho tiempo en el tabernáculo de reunión, donde el profeta habló cara a cara con Dios. Cuando los israelitas vinieron a Canaán, Moisés envió a Josué para espiar la nueva tierra. De los doce espías de la misión, solo Josué y Caleb regresaron con un informe basado en la fe en vez de en el temor, y solo esos dos hombres entraron a la tierra prometida cuando Dios permitió que Israel regresara a Canaán después de su travesía de cuarenta años por el desierto.

Al aproximarse su muerte, Moisés nombró sucesor suyo a Josué, y seguramente lo consideró una responsabilidad muy superior a sus capacidades. Qué pequeño se sentiría al saber que él terminaría el trabajo que Moisés había comenzado: llevar a los israelitas a su nueva tierra.

Después de la muerte de Moisés, Dios le advirtió a Josué que tenía que ser fuerte. No estaba bromeando. Había mucho trabajo y muchas batallas por delante. Esa labor exigiría toda la experiencia y fe de Josué.

La primera batalla de Israel, en Jericó, fue un acontecimiento asombroso. Durante seis días, los guerreros marcharon alrededor de la ciudad en silencio, acompañados solo por el sonido de las trompetas de carnero de los sacerdotes. La gente de Jericó seguramente encontró extraño este sistema de ataque diseñado por Dios. Al séptimo día, después de haber rodeado la ciudad siete veces, los israelitas dieron un gran grito y las murallas de la ciudad cayeron. Entonces Israel destruyó la ciudad, salvando a la fiel Rajab, que había ayudado a los espías israelitas antes de la batalla.

Israel como colectivo aún no había aprendido una lección que Josué si había entendido bien: cuando obedecían a Dios, tenían éxito; pero, cuando pecaban, fracasaban. Así que tuvieron que atacar Hai dos veces para someterla. Cuando Josué los dirigió contra el rey de Jerusalén en Gabaón, los obedientes guerreros tuvieron éxito. Dios entregó al rey de Jerusalén y a otros cuatro reyes amorreos en manos de los israelitas. Este fue solo el comienzo de una labor de conquista para toda una vida de Josué, que aún no había cumplido la tarea que tenía por delante.

Dios le prometió a Josué, ya anciano, que terminaría la conquista. Le ordenó que repartiera toda la tierra prometida entre las tribus. Después de establecer los territorios de cada tribu, Josué compartió con su pueblo la promesa divina de la conquista. Luego les mandó que obedecieran a Dios y a sus leyes. «Mas a Jehová vuestro Dios seguiréis, como habéis hecho hasta hoy», les amonestó (Josué 23.8 RVR1960). De otra manera, Dios no echaría a las naciones de su tierra, y las naciones paganas se convertirían en una trampa para Israel.

Recordándoles el pacto de Dios, Josué los llamó a servir solo a Dios y a echar a los dioses ajenos.

Josué murió a los 110 años y fue enterrado en su propia tierra.

¿Nunca has oído que la fe es para los débiles? Pues mira a Josué, quien combinó una profunda confianza en Dios con un brazo fuerte de guerrero. Recibió una tarea desafiante y pasó su vida cumpliéndola. Pero ni siquiera toda la fe y la experiencia obtenida bajo su mandato podrían someter totalmente todo el territorio de Israel. En última instancia, Josué tenía que confiar en Dios para la realización de su tarea.

Puede que nuestras vidas no sean una batalla continua, pero aun así tienen algo que ver con la guerra de fe de Josué. Porque nosotros tampoco vivimos normalmente en paz total. Cuando Dios nos llame a luchar por él, recordemos al fiel Josué y busquemos en el Señor toda la fuerza que necesitamos.

EL JOVEN RICO

Él le dijo: ¿Por qué me llamas bueno? Ninguno
hay bueno sino uno: Dios. Mas si quieres entrar
en la vida, guarda los mandamientos.
MATEO 19.17 RVR1960

Imagina que eres un hombre joven y rico con una posición
de prestigio. Has oído hablar de este nuevo rabino que
se está dando a conocer rápidamente por sus enseñanzas
y sus milagros de sanidad. Quieres encontrarte con él,
así que lo buscas. Cuando lo encuentras, planteas lo
que parece una pregunta inocente. Con la intención de
impresionarlo, comienzas con: «Maestro bueno». ¡Primer
error! Te sorprendes cuando Jesús dice: «¿Por qué me llamas
bueno? Ninguno hay bueno sino uno: Dios» (Mateo 19.17
RVR1960). Apenas te das cuenta de que Jesús te acaba
de revelar el principal obstáculo para la fe en Dios. Estás
confiando en tu propia bondad para cruzar las puertas del
cielo.

«Oh —dices—, he guardado todos los mandamientos
desde que era pequeño». ¿Seguro? Creo que te quedaste
dormido en la sinagoga el día que se leyó Salmos 14.3. Dice:
«No hay nadie que haga lo bueno; ¡no hay uno solo!».

Envanecido, le preguntas a Jesús qué más podrías hacer.
«Vende todo lo que tienes y sígueme», te dice. «Oh no
—replicas—, eso no. No podría». ¿No podrías? ¿Te vas triste
porque tienes grandes posesiones; o porque te tienen ellas a ti?

JUAN EL APÓSTOL

Un poco más adelante vio a Jacobo y a su hermano Juan,
hijos de Zebedeo, que estaban en su barca remendando
las redes. En seguida los llamó, y ellos, dejando a su padre
Zebedeo en la barca con los jornaleros, se fueron con Jesús.

MARCOS 1.19–20

Cuando Jesús llamó a Juan para que fuera su discípulo,
tuvo que usar de mucha imaginación con su nuevo
seguidor, quien probablemente tenía más reputación por
su temperamento que por su santidad. Juan y su hermano
mayor, Jacobo, procedían de una familia que tenía su propio
negocio de pesca. Las cosas debían de irle bien a Zebedeo,
porque no solo empleaba a Jacobo y Juan, sino también a
algunos pescadores temporeros.

Tal vez el éxito es la razón por la que los hijos de
Zebedeo estaban acostumbrados a hacer las cosas a su
manera: desde luego, tenían personalidad de mando.
Cuando los discípulos se encontraron con un hombre que
estaba expulsando demonios en nombre del Maestro, Juan
decidió ponerle freno. Después de todo, el desconocido no
era uno de *ellos*.

Más tarde, cuando en cierta aldea no querían que Jesús
y sus doce discípulos se hospedaran con ellos, Jacobo y Juan
quisieron hacer caer fuego sobre el lugar. El temperamento
enardecido de estos hermanos les hizo ganarse un apodo de
parte de Jesús: *Boanerges*, que significa «Hijos del trueno».

A pesar de su irascibilidad, Juan se convirtió en el
discípulo más querido de Jesús. Jesús lo llamó, junto
con Jacobo y Pedro, para presenciar eventos clave como
la curación de la madre de Pedro y de la hija de Jairo,
la transfiguración, y la oración de Jesús en el jardín de

Getsemaní. La mayor parte de los eruditos cree también que «el discípulo a quien Jesús amaba» mencionado en el Evangelio de Juan, y que experimenta algunos de los momentos más cruciales de ese libro, es Juan mismo.

El Evangelio de Juan y sus epístolas muestran una intensa y apasionada relación de amor con Dios. Junto con Pedro y Jacobo, Juan experimenta algunos de los momentos espirituales más íntimos de las Escrituras con el Salvador.

Y los libros bíblicos que llevan su nombre muestran un profundo y tierno conocimiento del Maestro. Su Evangelio relata incidentes que no aparecen en los otros Evangelios. Pero, al acercarse el final de su vida, Juan se había vuelto humilde. En su Evangelio, él nunca habla de su propio llamado por Jesús ni enfatiza demasiado su papel personal en la difusión de las buenas nuevas.

Sin embargo, es evidente que el humilde discípulo ocupaba un lugar clave en la misión evangélica: dado que Juan conocía a Caifás, el sumo sacerdote, él y Pedro pudieron ver e informar sobre el juicio de Jesús. En la crucifixión, Jesús entregó a su madre al cuidado de Juan. Y María Magdalena acudió a Juan y Pedro para dar la noticia de la desaparición del cuerpo de Jesús.

En los días de formación de la iglesia, Juan estuvo junto a su amigo Pedro cuando este sanó a un mendigo en la puerta del templo. Los amigos fueron arrestados juntos por las autoridades y declararon firmemente su intención de continuar difundiendo el mensaje de Dios sobre su Hijo.

Las epístolas de Juan a la iglesia no lo mencionan como su autor, pero los padres de la iglesia primitiva registran su relación con estas cartas. Primero, Juan anima a los creyentes y les da las herramientas para luchar contra la herejía del gnosticismo. Su consejo práctico debió de ser una verdadera bendición para la iglesia en una época turbulenta. Los siguientes dos libros más breves son cartas personales que nos dan una idea de la vida cristiana de su tiempo y de las relaciones que Juan tenía con los demás.

El libro más impresionante de Juan es su profecía de los últimos tiempos, Apocalipsis. Mientras la iglesia naciente luchaba por existir, Juan imaginaba un futuro glorioso en el cual Jesús gobernaría eternamente, victorioso sobre el pecado y los tiranos terrenales.

Como su iglesia, Juan sufrió persecución. Cerca del final de su vida, fue exiliado a la isla de Patmos, donde escribió Apocalipsis, pero la tradición dice que regresó a su ministerio en Éfeso y murió de viejo. Es el único apóstol que no fue martirizado.

Puesto que Juan estaba dispuesto a seguir fielmente a su Señor, Dios usó un tizón ardiente y lo convirtió en un apóstol humilde. No todos los tizones hacen lo mismo, pero Dios parece usarlos con frecuencia. ¿Tienes luchas con tu temperamento? No olvides lo que Dios puede hacer.

Dale autoridad, y él puede hacerte suavizar tu carácter con el amor por él.

JUAN EL BAUTISTA

[Juan dijo:] Es necesario que él crezca, pero que yo mengüe.
JUAN 3.30 RVR1960

Cuando Juan el Bautista entró en escena llegaron a su fin
cuatrocientos años de silencio profético. Esta vibrante figura
apareció en escena de la nada, llena de energía y convicción.
No era un caballero de brillante armadura montado sobre
un poderoso corcel, sino una figura curtida por el desierto,
vestida con ropas toscas, que empuñaba la palabra misma
de Dios. El heraldo de Mesías había salido finalmente del
desierto como un torbellino, «en el espíritu y el poder de
Elías» (Lucas 1.17 RVR1960).

Acompañar a Juan el Bautista era vivir en un ambiente
cargado de inmanencia con respecto a este Ungido de Dios
llamado el Mesías. En siglos pasados, los profetas habían
predicho su venida. El ángel del Señor incluso había dado
al profeta Daniel una cronología que señalaba la llegada del
Mesías (ver Daniel 9.20–27). Si el Mesías no viniera dentro
de ese plazo, ¡es que no vendría!

A la vista de esto, el mensaje de Juan al pueblo de Israel
fue urgente e inflexible. «Arrepentíos, porque el reino de
los cielos se ha acercado [...]. Y ya también el hacha está
puesta a la raíz de los árboles; por tanto, todo árbol que no
da buen fruto es cortado y echado en el fuego» (Mateo 3.2,
10 RVR1960). Este Juan lo proclamó a todos, lo escucharan
o no.

Para subrayar sus palabras, Juan adaptó
controversialmente un ritual ya existente: el bautismo. El
bautismo era la norma para los conversos al judaísmo, pero
¿y los que ya eran judíos? Dios impuso un nuevo requisito
para purificarse, y el pueblo acudía voluntariamente para

ser bautizado. Incluso Jesús se sometió a este requisito, para «que cumplamos toda justicia» (Mateo 3.15 RVR1960). Tan en serio se lo tomaba Juan que, al ver que se acercaban fariseos y saduceos para ser bautizados, explotó: «Generación de víboras! ¿Quién os enseñó a huir de la ira venidera? Haced, pues, frutos dignos de arrepentimiento, y no penséis decir dentro de vosotros mismos: A Abraham tenemos por padre; porque yo os digo que Dios puede levantar hijos a Abraham aun de estas piedras» (Mateo 3.7–9 RVR1960). Con estas palabras, ¡Juan destruyó todo engreimiento para siempre!

Juan el Bautista tenía una misión, y la entendió claramente. Cuando los sacerdotes y levitas le preguntaron quién era, respondió: «Yo soy la voz de uno que clama en el desierto: Enderezad el camino del Señor, como dijo el profeta Isaías» (Juan 1.23 RVR1960). Presionado aún más sobre su bautismo, Juan dijo: «Yo bautizo con agua; mas en medio de vosotros está uno a quien vosotros no conocéis. Este es el que viene después de mí, el que es antes de mí, del cual yo no soy digno de desatar la correa del calzado» (Juan 1.26–27 RVR1960). «Yo a la verdad os bautizo en agua para arrepentimiento; pero el que viene tras mí, cuyo calzado yo no soy digno de llevar, es más poderoso que yo; él os bautizará en Espíritu Santo y fuego» (Mateo 3.11 RVR1960).

Por medio del Espíritu Santo, Juan entendió que no era sino el precursor de Uno mucho más grande que él, y estaba contento con eso. También entendía sus limitaciones y sabía que Aquel que venía después de él estaba investido de poderes y capacidades muy por encima de las suyas. Juan estaba preparando al pueblo y señalándoles a Jesús. Mientras languidecía en la prisión de Herodes, envió a sus discípulos a Jesús para escuchar de su propia boca que ni ellos ni Juan necesitan buscar a nadie más que a él.

Antes de su arresto, Juan reconoció con humildad que era hora de hacerse a un lado para permitir que Jesús asumiera el protagonismo. «Así pues, este mi gozo está cumplido. Es necesario que él crezca, pero que yo mengüe» (Juan 3.29–30 RVR1960).

En esta época de «primero yo», parece que muy pocos hombres se contentan con ser segundos. Aquellos que quieren ser el centro de atención normalmente hacen lo que sea para conseguirlo. No es este el caso de Juan el Bautista. Él entendió quién era Jesús. Mientras no entendamos quién es Jesús, nosotros mismos no podremos hacernos a un lado como Juan y dejar que Jesús reine en nuestras vidas.

JUDAS ISCARIOTE

*Llegó la hora de la cena. El diablo ya había incitado a Judas
Iscariote, hijo de Simón, para que traicionara a Jesús.*
JUAN 13.2

A todos nos gusta odiar a este hombre. Pero también nos
desconcierta, porque Judas Iscariote anduvo a diario con
Jesús durante su encarnación. Judas vio sus milagros,
escuchó su predicación, y tuvo comunión con Jesús y los
otros once discípulos que estaban más cerca de él. Sin
embargo, este discípulo caprichoso entregó a Jesús a sus
enemigos.

«¿Cómo pudo Judas hacer eso?», nos preguntamos.
Caminó con Jesús, pero guio a los soldados a la presencia
del Maestro. Judas ya había ofrecido a Jesús a los jefes
sacerdotales.

¿Se interpuso el dinero en el compromiso de Judas con
Jesús? Después de todo, él era quien custodiaba las ofrendas
que recibía Jesús para la provisión de su pequeño grupo de
discípulos. Juan cuenta que Judas solía echar mano de la caja
para asuntos suyos.

Tal vez el dinero tuvo su efecto señuelo, ¿pero ese
único motivo haría que Judas diera este paso sin retorno?
Probablemente no. Parece ser que económicamente le
convenía más lo que robaba de la bolsa de los discípulos que
lo que recibió de los sacerdotes por su traición.

En muchos sentidos, este discípulo siempre será un
misterio para nosotros. Las Escrituras no muestran los
pensamientos de Judas. Obviamente, tenía una idea
equivocada acerca de quién era Jesús y de qué vino a
cumplir, pero ¿cómo lo tentó Satanás? Puede que nunca lo
sepamos.

Judas llevó a los soldados y a los oficiales judíos a un lugar privado donde Jesús se reunía a menudo con los Doce. Traicionó al Maestro con un beso. ¿En qué estaba pensando? Pero la noticia de la condena a muerte para Jesús le sorprendió. ¿En qué mundo vivía Judas, para pensar que los sacerdotes no querían hacer daño a Jesús?

Cuando se dio cuenta de lo que había hecho, después de tirar las monedas manchadas de sangre en el templo, Judas se ahorcó.

En una acción sin retorno, Judas traicionó al Hijo, llevando a que le quitaran su vida terrenal. Pero, aunque cuestionamos los motivos de Judas, ¿estamos conscientes de que no somos tan diferentes de él? Cuán fácilmente nosotros también caemos en pensamientos equivocados y andamos por caminos que no pueden glorificar al Hijo. A pesar de que nosotros también hemos caminado con Jesús, fallamos fácilmente.

¿Hemos escuchado el llamado de Jesús? Entonces permanezcamos vigilantes para que las seducciones de Satanás no nos engañen. Que nuestro mundo personal se centre en el Hijo, y no en las tentaciones que nos llevan por mal camino.

LÁZARO

*Había un hombre enfermo llamado Lázaro, que
era de Betania, el pueblo de María y Marta, sus
hermanas [...]. Las dos hermanas mandaron a decirle
a Jesús: «Señor, tu amigo querido está enfermo».*

JUAN 11.1, 3

Cuando las fieles María y Marta se enfrentaron a una crisis
de salud de su hermano, supieron a quién acudir. Enviando
un mensaje a Jesús para pedirle la curación de Lázaro. Las
hermanas esperaron, comiéndose las uñas de miedo, a que
apareciera el Maestro. A medida que pasaban las horas,
debieron de preguntarse qué había pasado. ¿Les había fallado
su mensajero? ¿Fue herido o asesinado? Y, a medida que
perdía la vida, Lázaro quizás se preguntó si Jesús podría
haberle fallado.

Jesús recibió el mensaje, pero esperó dos días antes de
regresar a Betania para sanar a su amigo. Cuando llegó, el
duelo por Lázaro estaba en pleno auge.

Las afligidas hermanas estaban claramente
desconcertadas por que Jesús no hubiera venido antes.
Lázaro llevaba cuatro días sepultado.

Cuando Jesús mandó que retiraran la piedra, una
aturdida Marta señaló que el cadáver ya debía de heder.
Seguro que se preguntaba en qué estaba pensando Jesús.

En voz alta, Jesús oró al Padre y llamó a Lázaro a salir de
la tumba. Y sus hermanas, asombradas, vieron a su hermano
salir de la sepultura, todavía con el lino que lo envolvía y una
tela sobre su rostro. De repente, el luto se convirtió en franco
regocijo: Lázaro había vuelto a la vida.

La celebración no terminó ahí. Vino gente de todas
partes para oír del hombre que había regresado de la tumba.

La noticia de este acontecimiento casi increíble se difundió a gran velocidad. Y muchos de los curiosos llegaron a la fe gracias al cómo daba Lázaro su testimonio.

Cuando los principales de los sacerdotes se enteraron del milagro y de la reacción del pueblo, conspiraron para matar a Jesús y a Lázaro para ocultar la verdad. Tuvieron éxito con Jesús, ¿pero vivió Lázaro? Las Escrituras no nos dicen cuánto tiempo siguió vivo Lázaro después de su resurrección. ¿Fueron años? Nunca lo sabremos en esta vida. Pero no importa si vivió semanas o años, su nueva vida fue un éxito lleno de fe.

Sabemos que Jesús aún devuelve la vida a los muertos, muchos de nosotros hemos dejado al pecado en la tumba y hemos experimentado la nueva vida gozosa que únicamente Jesús ofrece. Y eso es solo un anticipo del futuro, cuando todos los creyentes viviremos eternamente en él.

LOT

Al encaminarse hacia la tierra de Canaán, Abram se llevó a su esposa Saray, a su sobrino Lot, a toda la gente que habían adquirido en Jarán, y todos los bienes que habían acumulado. Cuando llegaron a Canaán...

GÉNESIS 12.5

Lot fue criado por su abuelo Téraj y luego fue a Canaán con su tío Abram. Pero, al cabo de un tiempo, las tierras de pastoreo no podían abastecer a los enormes rebaños de ambos hombres, así que Abram dejó que Lot eligiera dónde quería vivir y se llevó su ganado en otra dirección.

Lot eligió el valle del Jordán y se dirigió a un lugar cerca de Sodoma. Tal vez este hombre justo sintió alguna clase de atracción por la ciudad pecaminosa. Finalmente se mudó allí y fue tomado cautivo tras la batalla entre los reyes de Elam y Sodoma. Abram tuvo que rescatarlo.

Más tarde, Lot ofreció hospitalidad a un par de ángeles y trató de protegerlos de los hombres malvados de su ciudad, que exigían tener sexo con ellos. Pero el rescatado fue Lot, ya que los ángeles lo sacaron de esa ciudad que estaba a punto de ser destruida. Cuando huía para ponerse a salvo, Lot vio cómo su esposa desobedeció la orden de los ángeles de no mirar atrás y se convirtió en sal.

El resto de la familia buscó refugio en una cueva. Sus hijas, desesperadas, engañaron a Lot para que cometiera incesto y les diera hijos. Sus hijos que nacieron llegaron a ser dos de los enemigos de Israel.

¿Alguna vez te has preguntado cómo es tener un pie en el mundo y el otro en el reino de Dios? Entonces mira a Lot.

Ese poco de mundanalidad no le trajo los beneficios que esperaba. En vez de eso, tanto Abram como Dios tuvieron que intervenir para mantenerlo a salvo.

¿Nos atrae el pecado? ¡Cuidado! Nosotros también podríamos necesitar a ese ángel rescatador.

LUCAS

Los saludan Lucas, el querido médico, y Demas.
COLOSENSES 4.14

Lucas era médico y un excelente historiador. Pero este hombre bien educado no dedicó tiempo a su propia campaña de relaciones públicas; ni siquiera se menciona a sí mismo como autor de los dos libros bíblicos que se le atribuyen: el Evangelio que lleva su nombre y el libro de Hechos.

Lucas no conoció a Jesús personalmente. Así que, cuando quiso describir el ministerio de Jesús, hizo una investigación histórica. Nos dejó información que no leemos de ninguno de los otros escritores de los Evangelios. Hay seis milagros y diecinueve parábolas que solo aparecen en su Evangelio.

También leemos la historia de María del nacimiento de Jesús y de la visita de los ángeles a los pastores que presenciaron su venida.

La historia de Lucas ha demostrado ser exacta. El mapa de los viajes misioneros de Pablo que traza nos muestra la más amplia perspectiva de la vida durante el Imperio romano. Los lugares y los nombres son correctos, y deja constancia de las diferencias culturales y lingüísticas. De hecho, este maestro de la palabra no solo escribió en un griego excelente, sino que también reflejó con propiedad el uso de otros idiomas.

En Lucas, vemos a un hombre brillante entregado por completo a su misión para Dios. No sabemos nada de su trabajo como médico, pero, como cristiano, resplandece. Cualquier creyente, sea cual sea su profesión haría bien en seguir los pasos del doctor Lucas.

MALAQUÍAS

*Profecía de la palabra del SEÑOR a Israel
por medio de Malaquías.*
MALAQUÍAS 1.1 LBLA

El autor del último libro del Antiguo Testamento no es muy conocido: sabemos muy poco de él. Malaquías probablemente nació en Judá y profetizó en Jerusalén. Su libro parece haber sido escrito alrededor del 465 al 430 A.C. Algunos estudiosos incluso han llegado a la conclusión de que, como su nombre significa «mi mensajero», se trata de un título y no de un nombre propio.

Esdras y Nehemías habrían sido contemporáneos de este profeta menor que habló al pueblo en tiempos de adversidad. Aunque habían regresado a su patria, los israelitas encontraron que la vida era más difícil de lo que esperaban. Dios parecía no estar ayudándolos, así que empezaron a tener serias dudas sobre él. Sus vidas evidenciaban su falta de fe, ya que organizaron matrimonios con familias paganas e ignoraron los mandamientos de Dios.

Aunque no tenemos mucha información sobre quién era Malaquías, no importa. El profeta tuvo una revelación de Dios y su llamado a su pueblo. Malaquías llamó a estas personas a obedecer a su Rey y Creador.

Como Malaquías, aunque nadie recuerde los detalles de nuestra vida, ¿no nos gustaría que otros se beneficiaran de nuestra fidelidad? Que el mensaje de Dios se convierta en nuestro legado para el futuro, aun cuando nuestras historias personales se desvanezcan.

MANASÉS

De doce años era Manasés cuando comenzó a
reinar, y cincuenta y cinco años reinó en Jerusalén.
Pero hizo lo malo ante los ojos de Jehová.
2 Crónicas 33.1–2 rvr1960

Aunque su padre, Ezequías, fue un buen hombre, Manasés
se volvió hacia la dirección opuesta. En 2 Crónicas leemos
que Manasés quemó a sus hijos como ofrendas a dioses
paganos, se involucró en prácticas ocultistas y «se excedió
en hacer lo malo ante los ojos de Jehová» (33.6 rvr1960).
Incluso hizo un ídolo en el templo.

Manasés llevó a Judá a ser peor que los amorreos, a
quienes Israel había expulsado de Canaán. Como Israel
no respondió al llamado de Dios a cambiar, él se ganó su
atención de otra manera: Asiria atacó a Judá, capturó a su
rey y se lo llevó a Babilonia.

¡Eso llamó la atención del rey! Manasés invocó a
Dios, que escuchó su clamor y lamentos, y el rey infiel se
arrepintió y regresó a su trono. Manasés quitó los altares
paganos de la ciudad y restauró el culto al Señor. Pero no
pudo erradicar del todo las prácticas paganas en Israel.

Aunque Manasés se arrepintió, aprendió lo mismo que
han descubierto muchos cristianos: la influencia de los
pecados pasados no desaparece por completo. Los nuevos
creyentes deben convertirse en testigos para que cambien
la influencia que esos pecados pasados tienen en la vida de
otros.

MARCOS

*Y Bernabé quería que llevasen consigo a Juan,
el que tenía por sobrenombre Marcos.*
HECHOS 15.37 RVR1960

Ya sea que lo llamemos Juan, su nombre hebreo, o Marcos, su nombre griego, este es el hombre que escribió el segundo Evangelio, el que nos da el punto de vista del apóstol Pedro sobre el ministerio de Jesús.

La madre de Marcos era una creyente que tenía una reunión de oración en su casa. Cuando fue liberado de la prisión, Pedro fue allí. El apóstol parece haber tenido una estrecha relación con la familia, porque se refiere a Marcos como su hijo. Otro de los familiares fieles de Marcos, su primo Bernabé, lo llevó en un viaje misionero con el apóstol Pablo. Pero, en Perge, Marcos dejó la obra misionera, regresando a Jerusalén. Pablo no vio con buenos ojos la falta de perseverancia de Marcos, y, cuando iban a emprender un segundo viaje misionero, rechazó la sugerencia de Bernabé de darle otra oportunidad.

El desacuerdo fue tan serio que causó una ruptura entre los dos misioneros. Pablo y Bernabé se separaron y extendieron el evangelio por separado.

Pero, al final de su vida, Pablo había perdonado al misionero pródigo y dejó que Marcos se le uniera de nuevo. El apóstol incluso le pidió a Timoteo que trajera a Marcos de Éfeso porque le era «útil».

De inútil a útil, la vida de Marcos es la imagen de un creyente que crece en fe y consistencia. El que se acerca de nuevo a Dios, como Marcos, puede llegar a ser una herramienta valiosa en la mano del Señor.

MARDOQUEO

*Mardoqueo tenía una prima llamada Jadasá. Esta
joven, conocida también como Ester, a quien había
criado porque era huérfana de padre y madre, tenía
una figura atractiva y era muy hermosa. Al morir
sus padres, Mardoqueo la adoptó como su hija.*

ESTER 2.7

Mardoqueo, de buen corazón, acogió a su prima cuando sus padres murieron, y la trató como a una hija.

Cuando Ester fue, con muchas otras hermosas jóvenes, a competir por el puesto de reina, puede que Mardoqueo ya fuera un funcionario persa, porque ya vivía en la ciudadela. Sin duda, su familia había sido parte de la nobleza judía, exiliada a Persia con el resto de la clase alta de Judea.

Cuando Ester se presentó ante al rey, el sabio Mardoqueo le había advertido que no delatara su herencia judía. Tal vez gracias a hacerle caso en esto, Dios la usó para traer la salvación de su pueblo.

Después de que Ester se convirtiera en reina, Mardoqueo se enteró de un complot contra el rey Asuero. El honesto funcionario advirtió a la reina, quien le avisó a su esposo. Los conspiradores fueron colgados y se guardó constancia escrita de lo que hizo Mardoqueo. Pero, antes de llegar a obtener una recompensa, Mardoqueo se metió en problemas con el malvado político Amán.

El rey había colocado a Amán en la posición política más alta, pero, cuando todos los demás se inclinaban ante él y le rendían homenaje, Mardoqueo se negaba a hacerlo. Los expertos sugieren que Amán, descendiente de Agag, estaría del lado de ese rey, líder de los amalecitas y enemigo de los judíos. Amán reaccionó exageradamente y planeó matar tanto a Mardoqueo como a todo su pueblo. Este poderoso funcionario de la corte fue a ver al rey y lo convenció con malicia para que matara a todos los judíos del Imperio persa. El rey aceptó la idea e hizo escribir un edicto en ese sentido.

Cuando Mardoqueo oyó la noticia, mostró públicamente su duelo e informó de la situación a Ester, incluso le proporcionó una copia del edicto. Ester dudaba sobre la conveniencia de ir a ver al rey. A menos que él quisiera verla, ella podría ser condenada a muerte solo por presentarse ante él. Mardoqueo le advirtió que la cobardía no la salvaría, ¿y quién sabía si no había llegado a esa posición «precisamente para un momento como este» (Ester 4.14)?

La reina fue a ver a su marido y fue bien recibida. Invitó al rey y a Amán a dos banquetes. Antes de ir al segundo, Asuero se enteró de que Mardoqueo nunca había sido recompensado por frustrar la conspiración contra él. Por sugerencia de Amán, el primo de Ester desfiló por las calles y fue honrado por su acto. Pero, cuando descubrió que era Mardoqueo quien debía ser tan honrado, y no él mismo, Amán se estremeció hasta la médula.

En el segundo banquete, Ester reveló su propia nacionalidad y el complot de Amán. Furioso, Asuero mandó ejecutar a Amán en la misma horca que este había preparado para matar a Mardoqueo. Entonces el rey pidió que Mardoqueo redactara un decreto para proteger a los judíos del edicto de Amán. Según la ley persa, el rey no podía retractarse de su edicto original, pero una nueva ley permitiría a los judíos luchar contra cualquiera que los atacara.

Todas las tierras de Amán se convirtieron en tierras de Mardoqueo, y él fue grandemente honrado por el rey y elevado a una alta posición. Los judíos se regocijaron, y el día que Amán había programado su destrucción destruyeron a todos los que venían contra ellos. La celebración de Purim fue instituida para honrar este día, cuando Dios había protegido a su pueblo.

Aunque en el libro de Ester no se menciona a Dios, su presencia es fácil de ver. Él usó a la reina y a su primo para salvar a su pueblo.

Mardoqueo respondió valientemente al llamado de Dios. Si se hubiera negado a actuar, o si Ester no hubiera podido presentarse ante el rey, habría encontrado otra manera, pero Dios a menudo escoge usar a su pueblo para traer grandes tiempos de salvación. Es una alegría para los que obedecen y una bendición para los que reciben la salvación. ¿Estaremos listos para responder si Dios nos llama a hacer su voluntad?

MATEO

Pasando Jesús de allí, vio a un hombre llamado
Mateo, que estaba sentado al banco de los tributos
públicos, y le dijo: Sígueme. Y se levantó y le siguió.
MATEO 9.9 RVR1960

Un día, Jesús pasó junto a un recaudador de impuestos
en Capernaúm y le dijo: «Sígueme». Y Leví, más adelante
llamado Mateo, dejó todo para seguir en pos del Maestro.

Algo importante se estaba produciendo en el interior de
este hombre, que dejó atrás las riquezas para pasar su tiempo
caminando con Jesús. Pero Leví estaba encantado de hacer
el cambio y organizó una gran fiesta con toda su gente para
presentarles a su nuevo amigo. Para señalar su cambio de
vida, incluso se puso un nombre nuevo, Mateo, que significa
«regalo de Dios». El exrecaudador de impuestos debió de
sentir que esta nueva vida, con su libertad espiritual, había
sido un regalo de Dios para él.

Más tarde, Jesús seleccionó a Mateo como uno de los
doce discípulos más cercanos a él, los que luego serían sus
apóstoles. Aunque las Escrituras no nos dicen nada más de la
misión de Mateo, su Evangelio habla por sí mismo. Un libro
escrito en la segunda mitad del siglo primero, que les revela
a Jesús como Mesías a sus compatriotas judíos.

Mateo representa la alegría de dejar atrás el pecado
para seguir a Jesús. Ninguna riqueza terrenal puede atarnos
cuando aceptamos el amor de nuestro Salvador.

MATUSALÉN

Fueron, pues, todos los días de Matusalén
novecientos sesenta y nueve años; y murió.
GÉNESIS 5.27 RVR1960

No hace falta ser un erudito bíblico para usar la expresión «más viejo que Matusalén». Se ha convertido en sinónimo de una vida increíblemente larga. Hace que los centenarios de nuestra era parezcan verdaderos jóvenes.

Pero Matusalén no fue el único de su familia que hizo algo inusual. Su padre, Enoc, «Caminó [ ] con Dios, y desapareció, porque le llevó Dios» (Génesis 5.24 RVR1960). Primero, su padre se fue con Dios sin morir; luego, Matusalén vivió una vida tan larga que sus vecinos seguro que pensaban que nunca moriría. Finalmente, falleció a la edad de 969 años.

Pero las Escrituras no nos dicen nada más sobre la vida de Matusalén. ¿Era un creyente fuerte? Tal vez su fe contribuyó a su larga vida. Pero, si no lo era, quizás los años se le alargaron de una manera que le pareció interminable.

La cantidad de años que vivimos importa menos que la forma en que los vivimos. ¿Buscamos sin cesar maneras inútiles de llenar las horas de ocio? ¿O servimos a Dios en cada momento? Si buscamos la voluntad de nuestro Señor para cada parte de nuestro día, ya sea que vivamos unos pocos años o muchos, seremos bendecidos, y nos alegraremos cuando volvamos a encontrarnos con Jesús.

MELQUISEDEC

*Y Melquisedec, rey de Salén y sacerdote del Dios altísimo, le
ofreció pan y vino. Luego bendijo a Abram con estas palabras:
¡Que el Dios altísimo, creador del cielo y
de la tierra, bendiga a Abram!*
GÉNESIS 14.18–19

Cuán poco sabemos de este hombre misterioso, que aparece
brevemente en Génesis y se explica con más detalle en el
Nuevo Testamento que en el Antiguo.

Melquisedec aparece cuando Abram regresó de rescatar a
Lot de las garras del rey de Elam. Este rey de Salén (o «rey de
la paz») vino a Abram, trayendo comida y bebida consigo.
Bendijo a Abram, con palabras que indicaban que no estaba
hablando de una deidad cananea, sino del Señor Dios. Y
Abram respondió dándole a Melquisedec una décima parte
del botín que había obtenido del rey de Elam y sus aliados.

Si había dudas sobre a quién se refería este rey-sacerdote,
Hebreos 7 las aclara. El pasaje del Nuevo Testamento
compara al rey de Salén con el Hijo de Dios: sacerdote y rey,
y superior al sacerdocio levita.

Melquisedec hace que, como mínimo, nosotros y nuestra
teología nos mantengamos humildes. Nos preguntamos de
dónde procede este rey y qué relación tiene con Jesús. ¿Es
Jesús, o solo una imagen de él? Acordémonos de no estar
demasiado seguros en nuestras interpretaciones personales.
Dios no nos cuenta todo sobre sí mismo, ni sobre personajes
misteriosos como Melquisedec.

MIQUEAS

*Esta es la palabra que el Señor dirigió a Miqueas de Moréset,
durante los reinados de Jotán, Acaz y Ezequías, reyes de Judá.
Esta es la visión que tuvo acerca de Samaria y de Jerusalén.*

MIQUEAS 1.1

El nombre de Miqueas planteaba una pregunta: «¿Quién
es como el Señor?». Pero su nombre por sí solo no llevó al
pueblo de Judá a entender la grandeza de Dios. Junto con
el profeta Isaías, Miqueas confrontó tanto a Israel como
a Judá con su falta de fe. Cuando leemos los textos de la
predicación de este profeta menor, vemos que no describió
un cuadro agradable. La mayoría de las veces hablaba de
juicio, aunque la misericordia de Dios y una promesa de
restauración también aparecen en su libro.

Miqueas predicó durante los reinados de Jotán, Acaz y
Ezequías, reyes de Judá en tiempos difíciles. Asiria atacó y
llevó cautiva a Israel, pero Dios defendió a Judá cuando el
rey asirio Senaquerib atacó Jerusalén. Sin embargo, Jerusalén
no estaba completamente a salvo: más tarde caería ante
Babilonia, la nación pagana que sucedió al poder asirio en la
región.

Miqueas profetiza con claridad sobre el futuro Mesías y
la paz que florecerá bajo su reinado. Miqueas no pronunció
las palabras que su pueblo quería oír, pero ofreció una
esperanza que se ha atesorado a lo largo de las generaciones.
La paz del Mesías y la esperanza de su gobierno eterno
nos llenan de emoción. ¿Cómo estamos compartiendo ese
mensaje con otros corazones desesperados?

MOISÉS

Allí el SEÑOR le mostró todo el territorio... «Este es el
territorio que juré a Abraham, Isaac y Jacob que daría a
sus descendientes. Te he permitido verlo con tus propios ojos,
pero no podrás entrar en él». Allí en Moab murió Moisés,
siervo del Señor, tal como el Señor se lo había dicho.
DEUTERONOMIO 34.1, 4–5

Cuando Moisés miraba la tierra prometida, veía también
la provisión de Dios para su pueblo. Debido a su
desobediencia, los israelitas habían vagado cuarenta años por
el desierto, pero ahora se dirigían a la tierra prometida de la
que fluía leche y miel.

Moisés sabía lo que el cuidado de Dios significaba en
su vida. ¿Acaso no había velado el Señor por él cuando su
madre lo dejó en una canasta y lo puso en el río Nilo? Sin
la intervención de Dios, ¿lo habría recogido una princesa
egipcia de tierno corazón? ¿Habría crecido en la corte y
aprendido a tratar con el faraón? Dios incluso le dio a su
hermano Aarón para que hablara por él y liderase la vida
espiritual del pueblo, y a su hermana, Miriam, para que
actuara como profetisa.

Después de matar a un hombre en defensa de su pueblo,
Moisés pasó muchos años en el desierto, pastoreando ovejas
(quizás el mejor entorno para alguien que habría de guiar a
un pueblo obstinado y rebelde). Porque Dios llamó a Moisés
para que guiara a su pueblo desde Egipto hasta la tierra
prometida de Canaán.

Cuando los israelitas escucharon por primera vez el plan
de Moisés de conducirlos a la libertad, probablemente se
entusiasmaron. Pero la contienda entre el faraón y el profeta
se hizo larga, sombría y peligrosa, ya que azotó la tierra una

plaga tras otra. Sin embargo, Dios protegió a su pueblo, les dio una celebración de esos hechos mediante la Pascua, y los condujo a la libertad.

Cuando salieron, el problema no cesó. Los guerreros egipcios los siguieron y acorralaron a los esclavos contra el mar Rojo. Milagrosamente, Dios abrió un camino para que ellos cruzaran el mar y el ejército que los perseguía quedara sepultado bajo el mar. Aun así, el pueblo no estaba satisfecho. Antes de atravesar el mar, ya se quejaban: «Moisés, ¿por qué nos has sacado de nuestra bella y cómoda esclavitud? ¿Vas a dejarnos morir aquí?».

Tratar con la rebelión periódica pasó a ser una parte habitual del trabajo de Moisés, y escuchó quejas sobre la comida (o la falta de ella), el agua, y cualquier otra circunstancia del viaje a su nueva tierra. Incluso cuando Moisés se fue aparte para recibir la ley de Dios, los irrefrenables israelitas se metieron en problemas, haciendo un ídolo de oro para adorarlo. Sin embargo, ni Dios ni Moisés tiraron la toalla. Dios renovó su pacto con su pueblo, y Moisés los guio.

Cuando Dios los trajo a la tierra prometida, lo peor estaba por llegar. Moisés envió doce espías para examinar la situación en Canaán. Diez regresaron diciendo: «Nunca podremos vencer a esta gente; son demasiado fuertes para nosotros», como si fueran ellos, y no Dios, los responsables del plan de batalla. Solo dos hombres fieles, Caleb y Josué, animaron al pueblo a confiar en Dios y apropiarse de la tierra.

Por cuarenta años, los israelitas deambularon dando vueltas por el desierto como castigo por su falta de fe. Dios les proveyó maná para comer, leyes para guiar su vida espiritual, y mucho perdón. Pero hasta que muriese la primera generación, con la excepción de los dos espías fieles, Dios no los guiaría de nuevo a la tierra prometida.

Ni siquiera Moisés pudo cruzar la frontera. La vio desde lejos, sabiendo que la promesa de Dios se iba a cumplir, pero murió en el monte Nebo, muy cerca de Canaán, y fue sepultado en Moab.

El profeta más grande de la historia de Israel transmitió la ley de Dios a la nación y participó en la provisión de Dios para su pueblo, desde la salvación de Egipto hasta la salvación de sus almas. Cuando las naciones paganas los amenazaron, Dios los protegió. Cuando estuvieron en peligro por la dureza del entorno, Dios les dio comida y los guio por el camino correcto.

Como Moisés, ¿nosotros también miramos atrás en nuestras vidas y vemos la provisión de Dios? Cuando contemplamos sus grandes obras, ¿estamos agradecidos, o simplemente buscamos un beneficio más? Valoremos todo lo que Dios ha hecho por nosotros, a diferencia de esos israelitas infieles que perecieron en el desierto.

NAAMÁN

Entonces Naamán dijo: [ ] En esto perdone Jehová a tu
siervo: que cuando mi señor el rey entrare en el templo
de Rimón para adorar en él, y se apoyare sobre mi brazo,
si yo también me inclinare en el templo de Rimón;
cuando haga tal, Jehová perdone en esto a tu siervo.
2 REYES 5.17–18 RVR1960

Naamán era un general capaz y valiente del rey de Siria.
También era leproso. En la antigüedad, la lepra era una
enfermedad incurable y temible que desfiguraba el cuerpo.

Por suerte para Naamán, una joven israelita capturada
por los invasores sirios estaba sirviendo en su casa. Esta joven
creía que el profeta Eliseo podía curar a Naamán y se lo dijo
a su señora. Cuando Naamán recibió la información, fue a
ver a Eliseo.

Al llegar Naamán a la casa de Eliseo, el profeta envió
a un siervo para que le dijera que se bañara en el Jordán
siete veces. Esto no era suficiente para Naamán, que
esperaba mucho más. Se enojó mucho, pero finalmente
cedió, convencido por sus ayudantes, y siguió el consejo
del profeta. Sumergiéndose siete veces en el Jordán, se curó
de su lepra. Abrumado por su curación, Naamán juró no
adorar a ningún dios sino al Dios de Israel.

Luego se nos dice que Naamán pidió perdón por cada
vez que acompañara a su señor al templo pagano de Rimón
y se inclinase con él. En principio, esta petición parece
cuestionar la autenticidad de la conversión de Naamán.
En vez de presionarlo, Eliseo le dijo que se fuera en paz.
Eliseo confió en Dios para resolver el asunto del corazón de
Naamán.

Si nos comprometemos a caminar con Dios, no podemos aferrarnos a ningún pecado. Solo Dios puede capacitarnos para hacer ese tipo de compromiso, como probablemente hizo con Naamán.

NABUCODONOSOR

En el segundo año del reinado de Nabucodonosor,
tuvo Nabucodonosor sueños, y se perturbó
su espíritu, y se le fue el sueño.
DANIEL 2.1 RVR1960

Nabucodonosor, rey de Babilonia, gobernaba la nación
más poderosa del mundo. Pero conquistar el mundo no
solucionó sus problemas, aunque dirigía un ejército que
amedrentaba los corazones de sus enemigos. Así que el rey se
convirtió en una persona muy furiosa.

En el año 605 A.C., Nabucodonosor conquistó Judá y se
llevó a Babilonia a los mejores jóvenes de esa nación. Entre
ellos estaban Daniel y sus compañeros, Sadrac, Mesac y
Abednego, quienes demostraron ser más sabios de lo que
esperaba el rey, mejores que todos sus magos paganos.

Una noche, cuando el rey se había hartado de contar
ovejitas y seguía sin conciliar el sueño, debido a sus pesadillas,
ordenó a sus magos que le dijeran qué andaba mal.

«Cuéntanos tu sueño», le pidieron ellos. Pero el rey,
cansado de mentiras y evasivas, se negó en redondo. Debían
contarle el sueño y su interpretación o los mataría.

«Nadie —insistían los magos— puede hacer eso. Solo
los dioses pueden interpretar este sueño». Así que el rey se
preparó para llevar a cabo su amenaza.

Cuando el capitán de la guardia iba a matarlo, Daniel
insistió en tener audiencia con el rey. Antes de encontrarse,
Dios le dio a Daniel una visión acerca del sueño del
rey. Cuando Daniel reveló la pesadilla y su significado,
Nabucodonosor adoró al Señor, y los magos fueron
perdonados.

Sin embargo, este rey hambriento de poder no había conocido la humildad ni la fe verdadera. Nabucodonosor erigió un ídolo y esperaba que todos lo adoraran. Así que los tres amigos de Daniel tuvieron que pasar por un horno de fuego y fueron salvados solo por Dios. De nuevo, el rey adoró al Señor, pero otra vez sin entender bien.

Finalmente, Nabucodonosor tuvo una pesadilla con un árbol alto y hermoso que fue cortado a ras de suelo. Cuando los magos del rey no pudieron interpretar el sueño, Daniel le dijo al rey que el significado era su propia humillación hasta que aceptara la autoridad de Dios. Un año después, mientras el rey se jactaba de su propio poder, la profecía de Daniel se hizo realidad. Nabucodonosor perdió su humanidad y comió hierba, como un buey, viviendo de manera salvaje. Cuando el rey caído reconoció el poder de Dios, recobró la razón y alabó al Señor.

Espiritualmente vacío, Nabucodonosor trató de llenar ese hueco con su propia grandeza. Esta táctica espiritual inútil nunca le funcionó, y tampoco nos funcionará a nosotros. Solo el Señor puede llenar en nuestros corazones el inmenso vacío del tamaño de Dios.

NATÁN

*Jehová envió a Natán a David; y viniendo a él, le dijo: Había
dos hombres en una ciudad, el uno rico, y el otro pobre.*
2 Samuel 12.1 rvr1960

El profeta Natán es más conocido como el narrador que vino
al rey David con una historia que hizo que el gobernante
entendiera su pecado.

No era la primera vez que Natán le traía malas noticias
a David. El piadoso rey había querido construir un templo
para el Señor. Reconociendo el fervor espiritual de David,
Natán lo dirigió en sus inicios. Pero Dios le dijo al profeta
que detuviera los planes de construcción, porque no eran su
plan. David, humilde, aceptó la nueva instrucción de Natán.

Tal vez eso le dio a Natán el valor para redargüir a David
después de que el rey hiciese suya a Betsabé, a pesar de los
derechos de su esposo, Urías. David, el rico en la historia
de Natán, se aprovechó del pobre Urías, que solo tenía una
corderita. Cuando David reconoció el sentido de la historia,
se arrepintió de su pecado de preparar la muerte de Urías y
de quedarse con Betsabé.

Ningún mal sentimiento destruyó la relación entre
el profeta y el rey. Al final de la vida de David, Natán se
esforzó por advertir al rey que otro hijo estaba usurpando el
lugar del heredero, Salomón.

Natán fue un hombre valiente que siguió las
instrucciones de Dios. Aunque ofender al rey hubiera sido
peligroso, el profeta daba más importancia a la opinión de
Dios que a la del hombre, aunque fuera uno muy poderoso.

¿Y nosotros?

NATANAEL

Cuando Jesús vio a Natanael que se le acercaba, dijo de él:
He aquí un verdadero israelita, en quien no hay engaño.
Juan 1.47 rvr1960

Natanael es un actor secundario de las Escrituras que destaca en nuestras mentes. Su historia aparece en un solo párrafo, pero no lo olvidamos.

Este hombre sincero, a quien Felipe le llevó la noticia de que Jesús era el Mesías, no hizo inmediatamente la oración del pecador. Pero Jesús no lo condenó por responder: «¿De Nazaret puede salir algo de bueno? (Juan 1.46 rvr1960). Al encontrarse con este hombre tan poco diplomático, Jesús dijo que era un hombre sin engaño. Natanael aún tenía preguntas para Jesús. Pero la noticia de que lo había visto bajo la higuera era prueba suficiente. Este hombre de lenguaje llano lo llamó Mesías.

Jesús prometió que Natanael vería mucho más que este simple milagro. Le dijo que vería el cielo abierto.

Al igual que Natanael, también llamado Bartolomé en las listas de los Doce, necesitamos estudiar las Escrituras. En ninguna parte del Antiguo Testamento se hacía referencia al Mesías como procedente de Nazaret. Así que Natanael tenía dudas sinceras. Él vino a Jesús buscando conocer la verdad.

¿Somos buscadores honestos, o venimos a Dios con nuestra lista de ambiciones? ¿En qué será diferente nuestro estudio de la Biblia si procuramos descubrir la verdad que Dios tiene para nosotros hoy?

NEHEMÍAS

Estas son las palabras de Nehemías hijo de Jacalías:
En el mes de quisleu del año veinte [ ] llegó Jananí,
uno de mis hermanos, junto con algunos hombres de
Judá. Entonces les pregunté por el resto de los judíos
que se habían librado del destierro, y por Jerusalén.

NEHEMÍAS 1.1–2

Aunque Nehemías ocupaba un prestigioso cargo en la corte babilónica, no estaba feliz. Mientras su pueblo en Jerusalén viviera en peligro, el corazón de este judío exiliado estaba con ellos. Jananí le había informado que las murallas de Jerusalén estaban rotas y las puertas destruidas, y Nehemías sabía que eso significaba que los invasores podían destruir fácilmente lo que quedaba de la capital de Judá. Al instante, Nehemías hizo duelo, lloró y oró.

Mientras servía al rey Artajerjes I, su dolor se hizo evidente. Los poderosos reyes no estaban acostumbrados a que sus coperos parecieran estar a punto de diluir el vino con lágrimas. Pero, cuando Artajerjes se enteró del problema de Nehemías, apoyó su deseo de ayudar a Judá. En pocos minutos, Nehemías obtuvo permiso para ir a su tierra natal, provisión para su viaje y autorización para conseguir materiales de construcción.

Tres días después de llegar a Jerusalén, Nehemías hizo una inspección nocturna de las murallas de las que tanto había oído hablar. Luego les dijo a los funcionarios de la ciudad que había que reconstruir. ¿Qué podían contestar sino un sí?

Mientras tanto, otras voces gritaban: «¡No!». A los dirigentes de las naciones circundantes les gustaba tener a Judá débil e indefensa. Así que los líderes locales de las tierras vecinas, Sambalat, Tobías y Guesén, acusaron a Nehemías de rebelión. El proyecto de construcción de la ciudad se inició con guardias alrededor de Jerusalén y oraciones que se elevaban pidiendo la protección de Dios. Hasta los obreros llevaban espadas.

Una vez que el muro y las puertas fueron reconstruidos, el gobernador Nehemías reformó la política de Jerusalén y devolvió a su pueblo a la fe. Pero, cuando se fue a rendir informes a Artajerjes y a su regreso descubrió que la obra estaba lejos de ser terminada, continuó fielmente el trabajo necesario.

Cuando nos encargamos de un proyecto para Dios, ¿esperamos que todas las piezas funcionen sin problemas, que el combustible esté barato y que nuestros compañeros de viaje nos apoyen? No siempre funciona así. Nehemías tenía oposición dentro de su propio pueblo y de los de afuera. Cuando quería construir, tenía que entregar espadas a sus trabajadores. La resistencia a veces indica que estamos haciendo lo que Dios quiere y lo que Satanás detesta. Así que trabajemos fielmente, aun cuando los incrédulos se opongan. ¡Trabajamos para Dios, no para el enemigo!

NICODEMO

Respondió Nicodemo y le dijo: ¿Cómo puede hacerse esto?
Juan 3.9 rvr1960

El sanedrín era el consejo supremo y el tribunal de justicia de Israel en el siglo primero. Sus miembros, figuras destacadas y, en su mayoría, hombres de recursos, tenían una reputación que cuidar. Tal vez por eso, uno de ellos, Nicodemo, vino a Jesús de noche. A estas alturas, la fama de Jesús se había extendido por todo Israel. Muchos lo consideraban un gran profeta «poderoso en obra y en palabra» (Lucas 24.19 rvr1960). Pero los líderes judíos no aprobaban precisamente a este nuevo profeta.

Nicodemo, obviamente, había pensado mucho en Jesús, como lo evidencian sus palabras: «Rabí, sabemos que has venido de Dios como maestro; porque nadie puede hacer estas señales que tú haces, si no está Dios con él» (Juan 3.2 rvr1960). Nicodemo se tomaba en serio a Jesús.

Sin embargo, Jesús respondió de una manera desconcertante: «De cierto, de cierto te digo, que el que no naciere de nuevo, no puede ver el reino de Dios» (Juan 3.3 rvr1960). A Nicodemo le debió de parecer una declaración extraña e increíble.

Pueden imaginarse su gesto de perplejidad al intentar comprender lo que acababa de escuchar. «Espera, Nicodemo, que hay más», casi se oye la respuesta de Jesús. Y continuó: «De cierto, de cierto te digo, que el que no naciere de agua y del Espíritu, no puede entrar en el reino de Dios. Lo que es nacido de la carne, carne es; y lo que es nacido del Espíritu, espíritu es. No te maravilles de que te dije: Os es necesario nacer de nuevo. El viento sopla de donde quiere, y oyes su sonido; mas ni sabes de dónde viene, ni a dónde va; así es todo aquel que es nacido del Espíritu» (Juan 3.5–8 RVR1960). Nicodemo, ya totalmente confundido, respondió: «¿Cómo puede hacerse esto?».

Con esa pregunta y la respuesta subsiguiente de Jesús, Nicodemo fue llevado a un plano celestial de entendimiento. ¿Cuál es la prueba de que lo entendió? Nicodemo se alzó en defensa de Jesús (ver Juan 7.50–52) y se unió a José de Arimatea para darle sepultura (ver Juan 19.39), dos acciones de gran riesgo para un líder judío.

Podemos culpar a Nicodemo por esconderse tras la oscuridad de la noche para encontrarse con Jesús, pero, con oscuridad o sin ella, se encontró con Jesús. Además, se tomaba muy en serio sus indagaciones sobre las enseñanzas de Jesús, aunque al principio no podía entender lo que le decía. ¿Qué tan seriamente tomamos a Jesús? ¿No es nada más que una figura distante de la historia, o está tan vivo para nosotros como puede estarlo cualquier persona viva? Solo el Espíritu Santo, soplando sobre las brasas de nuestro corazón, puede avivar esa misma llama de convicción que Nicodemo tenía.

NOÉ

Y lo hizo así Noé; hizo conforme a todo lo que Dios le mandó.
GÉNESIS 6.22 RVR1960

Cataclismo: el diccionario define esta palabra como «Gran catástrofe producida por una inundación o por otro fenómeno natural». En esta vida nuestra tan distraída, ¿tenemos idea de la cantidad de cataclismos de los que Dios nos ha salvado en este planeta? Si una pequeña parte de una de las islas Canarias colapsara y cayera en el Atlántico, se generaría un monstruoso maremoto que destruiría toda la costa este de Estados Unidos, así como muchas otras partes del Atlántico. Para los que viven en el océano Índico, la perspectiva de un tsunami se convirtió en una realidad aterradora el 26 de diciembre de 2004. A pesar de toda nuestra tecnología, ¡seguimos siendo vulnerables!

No mucho después de que Dios creara a la humanidad, su paciencia se agotó y decidió traer un cataclismo sobre la tierra. Seleccionó a un hombre llamado Noé para que emprendiera el primer proyecto de construcción naval del mundo, pero no le dijo lo que planeaba hacer hasta después.

Noé era descendiente de Set, el tercer hijo de Adán y Eva. Los hijos de este linaje buscaron a Dios fielmente al principio. Uno de ellos fue un hombre llamado Enoc, a quien Dios arrebató vivo en cuerpo y alma. Noé era bisnieto de Enoc. Los descendientes de Caín, por otro lado, fueron infieles a Dios y se corrompieron. Con el tiempo, la corrupción de los descendientes de Caín se había propagado tan perversamente que también contaminó la línea de Set. El cáncer del pecado se propagó con virulencia por la tierra y echó profundas raíces en los hombres. En resumen: a los ojos de Dios, la humanidad había llegado demasiado lejos.

Qué horrible era estar vivo en aquella era. La sociedad (si se puede llamar así) enloqueció con todo tipo de crímenes y vicios imaginables, ¡y lo hizo con impunidad! Era un mundo no apto para hombres ni animales. En un mundo así vivió Noé.

Aparte de su construcción del arca, las Escrituras no nos dicen mucho más acerca de Noé. Aun así, nos preguntamos cómo cualquier hombre o mujer pudo haber sobrevivido espiritualmente en tal sociedad. Solo podemos imaginar el tipo de presiones a las que se enfrentaba Noé, la seducción y tentaciones de un mundo que se había convertido en un infierno en la tierra.

Sin la gracia salvadora de Dios, ¿podría haber sobrevivido algún ser humano? Solo por la gracia de Dios pudo Noé resistir la atracción de todo el mal que lo rodeaba y elevarse por encima de él.

Sin duda, tuvo que lidiar con muchas burlas hacia el proyecto náutico que le encargó Dios. Quizás la zona en la que vivía estaba lejos de cualquier masa de agua de tamaño considerable. Eso habría hecho su proyecto aún más ridículo. Pese a todo, con una obediencia incuestionable, Noé siguió construyendo. También es muy probable que se convirtiera en predicador, ¡quizás el primero desde la creación! Saber lo que iba a ocurrirles a sus conocidos debió de empujarle a hacer sonar la alarma, tanto si alguien le escuchaba como si no. Seguramente, aquellos que se burlaban dejaron de burlarse y se quedaron pasmados cuando presenciaron un vasto y ordenado grupo de animales dirigiéndose hacia el arca, guiados todos por una mano invisible.

Entonces llegó el día en que Dios hizo subir a bordo a Noé y a su familia y selló el arca con ellos dentro. Todo había terminado, menos la espera. El ridículo alcanzó un punto álgido. ¿Se imaginan la mofa, las burlas y las risas de los que estaban afuera? Siete días después, las risas se convirtieron en gritos de horror. En un instante, familiares, vecinos, amigos y conocidos fueron arrastrados por el diluvio. No había nada que Noé o su familia pudieran hacer. ¡Qué muerte tan terrible! Solo Noé y su familia se salvaron. Y, mediante este hecho, el mundo recibió una imagen de la salvación de Dios. Un pedacito del mundo flotó a salvo sobre los océanos hasta que los trajo de nuevo a tierra firme.

Noé se enfrentó a una poderosa ola de pecado. Hasta que se libró del diluvio, pagó un precio muy caro, y nosotros también debemos hacerlo como embajadores y anunciadores de Jesús. Como Noé, nuestra fidelidad a la Palabra de Dios estará en contra de todo lo que el mundo representa. ¡Pero cada vez que vemos un arcoíris nos recuerda la fidelidad de Dios!

OSEAS

*La primera vez que el Señor habló por medio de
Oseas, le dijo: «Ve y toma por esposa una prostituta, y
ten con ella hijos de prostitución, porque el país se ha
prostituido por completo. ¡Se ha apartado del Señor!»*
 OSEAS 1.2

¿De verdad le mandó Dios a su profeta que se casara con
una prostituta? Los expertos no están de acuerdo. Algunos
dicen que realmente fue así, mientras que otros sostienen
que Oseas tuvo una visión tan real que fue como si
realmente hubiera ocurrido. Pero las Escrituras relatan la
historia como un hecho.

En el reino norteño de Israel, la adoración a Baal se había
mezclado con la adoración a Dios. Oseas vivía en medio de
este sincretismo, con gente que agregaba prácticas paganas a
la fe bíblica y parecía pensar que a Dios no le importaría. El
libro de Oseas describe estos hechos comparándolos con una
familia dividida por la infidelidad matrimonial.

Oseas se encontraba a diario en medio de la división
entre la fe real y el paganismo. En su propia vida familiar,
vivió en la línea divisoria de la incredulidad y la fe real. Los
estudiosos que creen en la literalidad del relato conjeturan
que el primer hijo de Oseas era suyo, pero los dos siguientes
fueron frutos de la infidelidad de su esposa. No era un
matrimonio ideal en ningún sentido. Pero es la honesta
descripción que Dios hace de cómo estaba su relación con
Israel.

Oseas describe con ternura el amor de Dios y el dolor
que le causaba la infidelidad de su pueblo. Aun cuando,
a través del profeta, Dios prometió juicio, cortejaba a sus
amados con una promesa de misericordia.

Dios ordenó a Oseas que amara a Gómer, una mujer que no lo correspondía. Cuando ella lo dejó, Dios lo envió para traerla de vuelta a su vida. Aunque su esposa había ido tras un amante, Oseas pagó para rescatarla de la esclavitud y le dijo con dulzura que permaneciera fiel a él. Al igual que Gómer, Israel había sido seducida por los encantos pecaminosos de los países vecinos. A la mayor parte de Israel, Baal, el dios de la fertilidad, les resultaba más agradable que el Señor. Pero los israelitas corrían hacia su destrucción. Sus reyes se vendieron a los reyes paganos de Asiria, buscando allí protección en lugar de buscar a Dios. Israel había sembrado vientos e iba a cosechar tempestades (ver Oseas 8.7). Sin embargo, el Señor les advirtió del peligro que se avecinaba y los llamó para que regresaran a él.

Aunque Dios reprendió repetidamente a su pueblo, el libro de Oseas no termina en juicio, sino llamando de nuevo hacia sí a su pueblo impenitente.

¿Alguna vez has dudado de que Dios realmente te ama? Lee el libro de Oseas. ¿Quién podría perdonarte tanto, quererte tanto y ser tan paciente contigo? Tal vez nunca amarás a nadie tanto, con tus propias fuerzas, pero Dios puede fortalecerte con su amor inagotable.

PABLO

*Con tal de que se mantengan firmes en la fe, bien
cimentados y estables, sin abandonar la esperanza que
ofrece el evangelio. Este es el evangelio que ustedes oyeron
y que ha sido proclamado en toda la creación debajo del
cielo, y del que yo, Pablo, he llegado a ser servidor.*

Colosenses 1.23

Saulo de Tarso, judío celoso y fariseo, bien educado como
alumno de Gamaliel, probablemente podría haber citado
el Antiguo Testamento mejor que muchos cristianos de
su tiempo. Pero hasta que Jesús lo derribó en el camino a
Damasco, la religión era para Saulo una cuestión de reglas
y ordenanzas. Ser derribado y cegado durante su viaje
captó la atención de este fariseo. Comprendiendo cuán
espiritualmente ciego había estado, aceptó a Jesús como
Mesías.

Tan pronto como comenzó a predicar su nueva fe, el
destino de Saúl pasó a ser la persecución. Tuvo que escapar
de Damasco para evitar la muerte. Durante los tres años
siguientes, vivió en Arabia.

Al regresar a Jerusalén, Saulo se enfrentó a un nuevo
tipo de persecución. Los líderes cristianos dudaban de su
conversión. ¿Era una nueva táctica para infiltrarse en su
comunidad? Pero Bernabé apoyó a Saulo. Finalmente, el
experseguidor de los cristianos fue aceptado en la iglesia y
comenzó a predicar.

El Espíritu Santo escogió a Bernabé y a Saulo para un
viaje misionero, y navegaron hacia Chipre.

La Biblia registra aquí por primera vez que Saulo fue
llamado por su nombre romano, Pablo. Los misioneros

comenzaron a predicar a los judíos, pero la oposición en las sinagogas aumentó.

En Listra, Pablo fue apedreado por judíos de Antioquía e Iconio, y lo dieron por muerto. No había duda de que la verdadera misión de Pablo sería a los gentiles. Al poco tiempo, los cristianos comenzaron a preguntarse: «¿Deben los nuevos convertidos seguir las prácticas judías como la circuncisión?». Pablo y Bernabé debatieron el asunto en Antioquía, y luego fueron a Jerusalén, donde el concilio de líderes estuvo de acuerdo en que no era necesaria la circuncisión de los gentiles.

Después de que los dos misioneros regresaran a Antioquía para sus reportes, Bernabé quiso regresar a las nuevas iglesias que habían fundado. Pero él y Pablo estaban en serio en desacuerdo sobre si llevar al primo de Bernabé, Juan Marcos, con ellos. Juan Marcos había abandonado su misión anterior, y ahora Pablo no lo quería. Así que los compañeros se separaron, y cada uno se llevó a otro compañero para comenzar una nueva misión.

El nuevo camino de Pablo no fue fácil. Recibió más palizas que elogios, e incluso los creyentes a los que hablaba le causaban a menudo dolor. Pablo continuó el plan que él y Bernabé habían comenzado, yendo a cada ciudad, predicando a los que quisieran escuchar, y estableciendo una iglesia con los convertidos. Durante sus viajes, Pablo escribió cartas que abordaban los temas más cruciales en las iglesias que había fundado. Estas se convirtieron en las epístolas bíblicas a las iglesias de Grecia, Roma y Asia Menor. Periódicamente, Pablo regresaba a estas jóvenes iglesias para animarlas en su fe y para tratar asuntos doctrinales.

Mientras, Pablo también levantaba nuevos líderes, llevando a hombres como Tito y Timoteo para ponerlos al corriente. Luego, ellos también formaron a otros en las congregaciones, que iban creciendo.

En un momento dado, la agitación que seguía al mensaje del apóstol lo alcanzó en Jerusalén, donde un grupo de judíos lo acusaron de falsas enseñanzas y de profanar el templo. Aunque las acusaciones eran falsas, Pablo terminó apelando a la ley romana y siendo enviado a Roma. Perdió su vida como mártir en las persecuciones del emperador Nerón.

Pablo era un cristiano muy dedicado, un siervo de Cristo. Ya sea que estuviera siendo amenazado por un naufragio en su camino a Roma o de pie ante una autoridad de mal genio, se mantenía firme por Jesús. Así que no es sorprendente que las epístolas de Pablo describan una religión que iba al grano. Contienen mucha ayuda práctica para cristianos nuevos o creyentes maduros que necesitan tratar un problema en sus congregaciones o vidas personales. Pablo reconoció que la fe tiene que ver con lo que uno hace, tanto como con lo que piensa y cree.

¿Nos sentimos inspirados por la exigente visión de la fe que tenía Pablo? ¿O lo descartamos como algo que ningún creyente moderno podría lograr? Por nuestra cuenta, nunca podríamos alcanzar el mundo para Jesús. Pero, fortalecidos por su Espíritu, nos sentimos motivados, no confrontados, al contemplar la vida de su siervo Pablo.

EL PADRE DEL MUCHACHO LUNÁTICO

*E inmediatamente el padre del muchacho clamó
y dijo: Creo; ayuda mi incredulidad.*
MARCOS 9.24 RVR1960

¿Cuántos de nosotros hemos dicho alguna vez estas palabras? Debido a nuestra condición caída, cada uno de nosotros está atado a este mundo. Estamos acostumbrados a realidades duras que muy a menudo parecen abrumadoras, desafían nuestra fe y a veces hacen que nos cueste creer que Dios puede ayudarnos.

Este padre bondadoso estaba al límite de sus fuerzas mentales buscando alivio para su hijo, a quien veía recibir terribles daños por culpa de un demonio. Imagínate lo que era para él sacar a su hijo de las llamas y del agua una y otra vez. Da la sensación de que su propia cordura pende de un hilo muy fino.

Entonces aparece Jesús en escena. Le dice al padre que, si puede creer, todo es posible. El padre, desesperado, gritó: «Creo; ayuda mi incredulidad». A pesar de su desgracia, este era un hombre honesto. Jesús no lo reprendió por su falta de fe. En vez de eso, se encontró con el padre y su hijo en el momento de necesidad y sanó al muchacho en ese mismo instante.

No importa cuáles sean nuestras circunstancias, Jesús es el dueño de todas ellas.

PEDRO

Viendo esto Simón Pedro, cayó de rodillas ante Jesús, diciendo:
Apártate de mí, Señor, porque soy hombre pecador.
LUCAS 5.8 RVR1960

Podría parecer el menos idóneo para convertirse en un apóstol de Jesús. Simón, hijo de Jonás, era un hombre tosco, trabajador y más o menos inculto. Puede que también hubiera sido un poco grosero y vulgar. Como pescador, tendría sus días buenos y sus días no tan buenos en el negocio.

Simón tenía una empresa con Zebedeo, padre de Jacobo y Juan, a quienes Jesús también llamaría al apostolado. Jesús se había referido a ellos como «Hijos del trueno», tal vez dando a entender que su padre tenía un temperamento fogoso. Si eso era así, es posible que Simón y Zebedeo tuvieran sus disputas, algunas de las cuales eran probablemente de grandes voces que no iban a más.

Entonces llegó el día en que el hermano menor de Simón, Andrés, le dijo que había conocido al anhelado Mesías. Tenemos que preguntarnos qué pensó Simón sobre las noticias de su hermano y cómo reaccionó cuando conoció a Jesús. Además, Jesús le dio inmediatamente a Simón el nombre de Pedro (o «roca»).

A continuación, se produjo un acontecimiento trascendental. Después de usar la barca de pesca de Pedro como púlpito, Jesús le dijo que se apartara de la orilla y echara la red por la borda para pescar. Como había tenido uno de sus días de vacas flacas, Pedro es reacio al principio, pero luego acepta la petición de Jesús. En un abrir y cerrar de ojos, Pedro hace tal vez la mejor pesca de su vida. Al sentir que algo sobrenatural está ocurriendo, cae de rodillas ante Jesús, rogándole: «Apártate de mí, Señor, porque soy hombre pecador» (Lucas 5.8 RVR1960).

Nos preguntamos qué hizo que Pedro dijera lo que dijo, pero, más importante aún, ¿qué había en Jesús para que lo dijera? Por supuesto, Pedro no dejó que su pecaminosidad le impidiera seguir a Jesús para convertirse en un pescador de hombres.

Otro acontecimiento trascendental ocurrió en la sinagoga de Capernaúm. Jesús dijo: «El que come mi carne y bebe mi sangre, tiene vida eterna; y yo le resucitaré en el día postrero. Porque mi carne es verdadera comida, y mi sangre es verdadera bebida» (Juan 6.54–55 RVR1960). No se había oído nada parecido en ninguna sinagoga. Los oyentes retrocedían horrorizados. La gente murmuraba: «¿Cómo puede éste darnos a comer su carne?» (Juan 6.52 RVR1960). Tristemente, muchos eligieron dejar a Jesús en ese mismo instante.

Jesús se volvió hacia sus apóstoles y les preguntó si ellos también querían irse. Pedro le respondió enseguida: «¿A quién iremos?» y añadió: «Tú tienes palabras de vida eterna. Y nosotros hemos creído y conocemos que tú eres el Cristo, el Hijo del Dios viviente» (Juan 6.68–69 RVR1960). Pedro tenía una idea de quién era Jesús, aunque estaba lejos de ser completa.

Finalmente, la noche antes de la muerte de Jesús, se reunió con sus discípulos para su última cena de Pascua. Durante la comida, Jesús predijo que todos los discípulos lo abandonarían más tarde esa noche. Como siempre, el incondicional Pedro proclamó que nunca dejaría a Jesús, aunque todos los demás lo abandonaran. Ni aunque tuviera que morir con Jesús lo negaría (ver Mateo 26.31–35).

Jesús le contestó: «¿Tu vida pondrás por mí? De cierto, de cierto te digo: No cantará el gallo, sin que me hayas negado tres veces» (Juan 13.38 RVR1960). Si esas palabras casi le parten el corazón a Pedro, lo que Jesús dijo a continuación probablemente le sobresaltó aún más. «Simón, Simón, he aquí Satanás os ha pedido para zarandearos como a trigo; pero yo he rogado por ti, que tu fe no falte; y tú, una vez vuelto, confirma a tus hermanos» (Lucas 22.31–32 RVR1960). La perspectiva era a la vez escalofriante y alentadora. Oh sí, Satanás iba a zarandearlo como a trigo, pero Jesús iba a triunfar en la vida de Pedro.

Pedro pasó de ser un seguidor impulsivo y testarudo a un líder lleno del Espíritu. Dios tomó un trozo de carbón en bruto y lo refinó para sus propósitos. Y hará lo mismo con cada uno de nosotros si dejamos de lado nuestro orgullo y nuestro ego.

PONCIO PILATO

—¿Y qué voy a hacer con Jesús, al que llaman Cristo?
—¡Crucifícalo! —respondieron todos.

MATEO 27.22

Estas palabras, que nos llegan a través de los pasadizos del tiempo, las pronunció un hombre atrapado en la pompa y las circunstancias de su propio cargo como gobernador de una problemática provincia periférica romana. ¡Aquí tenemos una asombrosa confrontación entre el autócrata por excelencia y Dios encarnado!

Poncio Pilato era lo que llamaríamos un «hombre fiel a la empresa». Él sabía (o creía saber) qué lado de su tostada tenía la mantequilla. Su lealtad era a Roma, no a la ideología de un pueblo ocupado. Sin duda, conocía su herencia, que incluía al Dios a quien adoraban y a quien estaba dedicado su templo. Aunque todo esto podría haberle hecho preguntarse cosas, tampoco cabe duda de que apreciaba el poder y el prestigio romano por encima de la religión de Israel. Tal vez pensó: *Si su Dios es tan grande, ¿cómo les permitió caer bajo nuestros pies de hierro?*

Entonces conoció a su Mesías cara a cara. En la Pascua, una multitud bulliciosa se reunió frente al Pretorio, el cuartel general de Pilato en Jerusalén. La turba, con todos los líderes judíos de la época, traía a un hombre. Se distinguía del resto de la multitud, por su porte noble pero asediado.

Lo acusaron de cargos falsos, tales como «que pervierte a la nación, y que prohíbe dar tributo a César» (Lucas 23.2 RVR1960), un cargo obviamente diseñado para llamar la atención de Pilato.

Mientras Pilato evaluaba a los acusados, debió de sentir que quien tenía delante no era un hombre común. Esto se ve claro en la interacción que sigue entre Pilato y Jesús y la multitud. Al parecer, Pilato no estaba para nimiedades. «Tomadle vosotros, y juzgadle según vuestra ley» (Juan 18.31 RVR1960), le dijo el gobernador a la multitud. «No me molesten con delitos insignificantes de los que pueden encargarse ustedes», venía a decir.

Pero no fue tan fácil deshacerse de ellos. En seguida, Pilato se dio cuenta de que la gente clamaba nada menos que por la sangre de Jesús. Entonces comenzó un interrogatorio para evaluar la culpabilidad de Jesús, una conversación que llevaría a Pilato a entender lo que realmente estaba pasando. Dice la Escritura: «Porque sabía que por envidia le habían entregado» (Mateo 27.18 RVR1960). Pilato, que tenía el poder de soltar a Jesús o de crucificarlo (ver Juan 19.10), se encontró tratando de salvar a un hombre que de otra manera no habría significado nada para él. ¿Qué impulsó a Pilato a actuar de esta manera? ¿Fue el hecho de que Jesús admitiera ser rey y que su reino no era de este mundo? ¿Fue la acusación de la multitud de que Jesús se había declarado como el mismo Hijo de Dios? ¿Fue la insistencia de su esposa diciendo: «No tengas nada que ver con ese justo» (Mateo 27.19 RVR1960)?

En cualquier caso, la turba gritó finalmente: «Si sueltas a éste, no eres amigo del César; todo el que se hace rey se opone al César» (Juan 19.12 LBLA). Estas palabras Pilato las entendió claramente, y seguro que lo sacudieron. Las cosas se estaban yendo de control, y Pilato, el administrador siempre astuto, sintió que la situación estaba a solo unos pasos de convertirse en un motín en toda regla. No es exactamente por lo que un gobernador romano quería ser conocido, y desde luego no con este pueblo que ya estaba harto de la dominación romana.

Si Pilato era de los que asumen riesgos, había alcanzado su límite. Como Julio César antes que él, había llegado a la orilla de su propio Rubicón, sin ni siquiera darse cuenta. ¿Se detendría o cruzaría? Trágicamente, Pilato aceptó las furiosas palabras de la multitud y «dejó que hicieran con Jesús lo que quisieran» (Lucas 23.25).

¿Dónde estamos cuando las cosas se ponen difíciles, cuando nuestra lealtad a Jesús se pone a prueba? Desde aquel fatídico día en Jerusalén, muchos mártires a lo largo de los siglos han respondido a la pregunta de Pilato con sus propias vidas. La mayoría de nosotros no seremos ejecutados. Pero el desprecio, el ridículo, y tal vez hasta la persecución, vendrán. Entonces no podremos evitar la pregunta: «¿Y qué voy a hacer con Jesús, al que llaman Cristo?» (Mateo 27.22)

EL PUBLICANO

Dos hombres subieron al templo á orar:
el uno Fariseo, el otro publicano.
Lucas 18.10 rva

Contrasta un fariseo del primer siglo con un publicano (o recaudador de impuestos). Uno, un miembro honrado de la comunidad, ora con frecuencia y procura obedecer la ley. El otro trabaja para los romanos, que oprimen a su pueblo, y rara vez pone un pie en el templo.

El fariseo, sumamente religioso, sentía que estaba por encima de aquellos que se dedicaban a pecados obvios como el adulterio o la extorsión. Mientras se jactaba ante Dios de su propia bondad, denigraba al recaudador de impuestos, quien obviamente no podía cumplir con esa norma de santidad.

El humilde publicano apenas levantó la vista mientras adoraba en el templo. ¿Qué estaba haciendo allí, cargado con todos sus pecados? Él entendía su propia falta de dignidad, y el pecado lo abatía tanto que apenas podía susurrar su necesidad de misericordia al oído de Dios. El publicano se comparaba a sí mismo con Dios, no con otro ser humano, y se quedó muy lejos de su listón.

Cuando Jesús contó esta parábola en la que alababa al humilde publicano, impresionó a su audiencia de justos. Después de todo, estaban acostumbrados a tener muy buen concepto de sus propios intentos de agradar a Dios, y ¿acaso la obediencia no era algo bueno? Pero nadie vive sin pecado. Cada creyente necesita reconocer con humildad la tentación del pecado que está constantemente a la puerta del corazón.

EL RICO NECIO

*Pero Dios le dijo: Necio, esta noche vienen a pedirte
tu alma; y lo que has provisto, ¿de quién será?*
LUCAS 12.20 RVR1960

Andrew Carnegie creía que «el hombre que muere rico
muere desgraciado». En Lucas 12.13–21, parece que
tenemos un hombre que no seguía esa filosofía.

Muy posiblemente, este hombre ni siquiera era avaro;
quizás era muy generoso con los demás cuando Dios lo
bendecía. Pero aun así llegó a estar demasiado cómodo,
demasiado satisfecho, demasiado centrado en sí mismo.
Posiblemente llegara a un punto en su vida en el que ya no
le importaba mucho dar. Tenía todo lo que necesitaba y algo
más. ¿Para qué molestarse? Estaba preocupado por cómo
guardaría todos sus excedentes.

Se nos cuenta que Dios tenía algo que decirle a este
hombre. Empezó con: «¡Necio!». Que cualquier otra persona
te llame necio es una cosa, pero que te lo llame Dios es otra
muy distinta.

¿Por qué fue Dios tan duro? Por un lado, este hombre
estaba «centrado en sus bienes», en lugar de estar «centrado
en el Bien», en Dios. No es malo ser rico, pero sí lo es
ser egoísta. Este hombre nunca pensó en preguntarle al
responsable de todas sus bendiciones qué debía hacer con
sus riquezas. No reconoció que solo Dios puede llenar el
vacío que hay dentro de nosotros. Tampoco se preparó para
la eternidad. Claramente, solo tomaba en cuenta esta vida.

Jesús nos advierte: «Así es el que hace para sí tesoro, y no
es rico para con Dios» (Lucas 12.21 RVR1960). ¿Lo estamos
tomando en serio?

SALOMÓN

*Y consoló David a Betsabé su mujer, y llegándose
a ella durmió con ella; y ella le dio a luz un hijo, y
llamó su nombre Salomón, al cual amó Jehová.*
2 Samuel 12.24 rvr1960

«Dame el mundo entero, pero sin Dios, y seguiré siendo
miserable», advierte Salomón mediante su vida mundana y
sofisticada, pero vacía.

Sin embargo, no siempre fue así. Desde el día de su
nacimiento, Dios amó a Salomón. A pesar del pecado sexual
en que sus padres habían caído, Dios había perdonado y
bendecido a David y a Betsabé con este hijo. Y David y
su esposa no eran los únicos: «al cual amó Jehová» es un
testimonio maravilloso del comienzo de una gran relación
entre Dios y el príncipe Salomón. Justo antes de que David
muriera, muchos de sus hijos trataron de sentarse en el
trono. Pero el rey cumplió una vieja promesa que le había
hecho a Betsabé e hizo que coronaran a Salomón como su
sucesor. Como último regalo, David le dio pautas detalladas
que ayudarían a su hijo a gobernar bien. Sintiéndose
honrado, el nuevo rey comenzó, en plena juventud, lleno de
buenas intenciones.

Poco después de su ascensión al trono, Dios le preguntó
a Salomón qué quería. Ante este cheque en blanco, el rey
pidió sabiduría para gobernar al pueblo. Agradecido por
esta desinteresada elección, Dios le prometió a Salomón
sabiduría, y mucho más. Fortalecido por el Espíritu,
Salomón tomó decisiones sabias para su pueblo y escribió los
libros de Proverbios, Cantar de los Cantares y Eclesiastés. Y
el Señor añadió prosperidad a las muchas otras bendiciones
del rey.

El glorioso reinado de Salomón expandió el poder de Israel y puso en marcha hermosos proyectos de construcción. Después de hacer una alianza con Faraón y casarse con su hija, Salomón construyó un nuevo templo y un palacio. Una alianza con Hiram, rey de Tiro, le permitió a Salomón contar con materiales de construcción maravillosos y con los artesanos para hacer uso de ellos. En siete años, el primer templo fue terminado, y los obreros comenzaron un proyecto de edificación de palacios que duró trece años.

En el punto más alto de su carrera, Salomón dedicó el nuevo templo. Comenzó con un maravilloso servicio de adoración y llamó al pueblo a creer firmemente en su Señor. Le siguió un sacrificio enorme e impresionante, y hubo una gran celebración entre los israelitas. Dios prometió que la obediencia de Salomón y sus descendientes establecería su trono para siempre. Pero, si se apartaran de Dios, Israel sería cortado de la tierra, y Dios daría la espalda al templo.

La fama y la fortuna de Salomón se extendieron. La reina de Sabá vino a consultarle, y sus riquezas sobrepasaban las de cualquier otro gobernante. Pero, para hacer alianzas que expandieran su poder, Salomón se casó con setecientas esposas y tomó trescientas concubinas, con lo cual contravenía los mandamientos de Dios con respecto al matrimonio.

Durante años, Salomón se mantuvo fiel. Al principio, parecía no haber sido afectado por las diversas religiones de sus esposas, pero, con el paso del tiempo, comenzó a levantar altares a sus dioses para que pudieran adorar a sus deidades paganas. Entonces comenzó a sentir la atracción de estos dioses y los adoró. Los resultados de su infidelidad aparecen en Eclesiastés, que retrata a un gobernante cínico y escéptico que ha visto el mundo y ha descubierto su vacío.

Este compromiso solo parcial enfureció a Dios. Así que levantó enemigos contra Israel, y la nación de Salomón fue atacada por dentro y por fuera. Después de cuarenta años de reinado, Salomón murió, y su hijo Roboán asumió su asediado trono.

Salomón creció en un hogar creyente, y Dios lo bendijo, pero, cuando el rico y exitoso rey no huyó del pecado, puso en entredicho una prometedora relación espiritual.

¿Podemos identificarnos con la historia de Salomón? Nosotros también hemos recibido mucho, pero todavía es fácil encontrarnos haciendo cosas distintas de poner a Dios como centro de nuestras vidas. Aunque le hayamos servido por muchos años, no podemos relajar nuestra vigilancia. Satanás acecha en la puerta, listo para volver a colarse y atacar.

Cuando somos jóvenes y entusiastas, es fácil pensar que nuestro éxito espiritual es pan comido. Pero la fe en Dios requiere una mirada a largo plazo. Cuando la vida se ponga difícil y nos enfrentemos a un desierto espiritual, ¿seremos tan fuertes? Solo el Espíritu de Dios nos da la determinación y dedicación que necesitamos.

SAMUEL

Ana concibió y, pasado un año, dio a luz un hijo y le puso
por nombre Samuel, pues dijo: «Al Señor se lo pedí».
1 Samuel 1.20

El nombre de Samuel significa «oyó de Dios». Pero este
profeta no solo oyó hablar de Dios; hizo la voluntad de Dios
en una época de gran inquietud nacional.

La madre de Samuel sabía que Dios había escuchado
su petición de tener un hijo, así que le dedicó a su hijo al
Señor. Como parte de esta dedicación, el niño creció en la
casa del sacerdote Elí. Debido a que los propios hijos de Elí
fueron infieles, Dios le habló a Samuel en lugar de a ellos y
lo hizo profeta.

El joven Samuel vio que los filisteos luchaban
constantemente contra su nación, e Israel siempre estaba
en el extremo perdedor. Así que Samuel le dijo a Israel
que renunciara a la adoración de ídolos, y así lo hizo. Por
primera vez en años, Israel ganó una batalla contra los
filisteos.

Como profeta y juez de Dios, Samuel jugó un papel
clave en la construcción de la nación de Israel. Durante
muchos años, gobernó sobre la nación como su juez. Pero,
como era viejo y sus hijos no siguieron su buen ejemplo de
liderazgo, el pueblo le pidió a Samuel que les diera un rey,
como lo tenían las naciones vecinas. Dios les advirtió que
tendrían problemas con los reyes, pero les dio a Saúl para
que gobernara sobre ellos, y Samuel lo ungió.

Aunque el rey Saúl comenzó bien, al poco tiempo
cayó en la trampa de su propio poder y se apartó de Dios.
Aunque Samuel, su consejero espiritual, estaba apenado

por la infidelidad del rey, Dios hizo que el profeta ungiera a David como rey en lugar de Saúl.

Pero David tuvo que pelear por su trono. Una vez más, los conflictos destruían la paz de Israel. Antes de que David consolidara su poder, Saúl murió, y «todo Israel [...] lo lloraron» (1 Samuel 25.1 RVR1960). En el momento de la muerte de Samuel, los israelitas habían comenzado de nuevo a adorar a los ídolos.

Samuel es un buen ejemplo de un hombre que permaneció fiel, aunque no vivía en un mundo ideal. Si bien su relación personal con Dios era clara, las personas cuyas vidas estaban bajo su liderazgo distaban de ser fieles. Aunque el gobierno del rey Saúl parecía muy prometedor, el líder designado para reemplazar al anciano Samuel fracasó estrepitosamente.

Pero no importaba qué batallas lo rodearan, Samuel permanecía fiel al Señor. El mensaje del profeta nunca cambió. Tampoco cambió su devoción a Aquel que era lo primero en su vida.

Cuando enfrentamos tiempos de lucha y estrés, ¿culpamos a Dios y nos apartamos inmediatamente de él, o, como Samuel, confiamos en que Dios nos guiará? Es posible que Samuel no viera a David sentarse en el trono, pero, conociendo que Dios es fiel, sabía que eso iba a suceder.

SANSÓN

*Y aconteció que, presionándole ella cada día con sus
palabras e importunándole, su alma fue reducida a
mortal angustia.
Le descubrió, pues, todo su corazón.*
JUECES 16.16–17 RVR1960

Era un hombre de una fuerza incomparable, consagrado al
Señor como nazareo desde su nacimiento. Casi sin ayuda
de nadie, libró valientemente una guerra contra los filisteos.
Nadie podía tocar a Sansón ni derribarlo; nadie, excepto él
mismo y su propia debilidad.

El ángel del Señor se le había aparecido a la estéril
madre de Sansón y le había dicho que daría a luz a un hijo.
También le dio instrucciones especiales de preparación para
su nacimiento, porque su hijo sería apartado para un servicio
especial al Señor.

Sansón nació en una época de la historia de Israel en
la que «cada uno hacía lo que bien le parecía» (Jueces 17.6
RVR1960). Por cuarenta años antes del nacimiento de
Sansón, los hijos de Israel habían pecado en gran manera
contra Dios. Como resultado, Dios permitió que los
temibles filisteos los dominaran.

No pasó mucho tiempo antes de que las hazañas de
fuerza física de Sansón le granjearan una reputación entre
su pueblo y entre los filisteos. Se convirtió en una verdadera
espina en el pie de los filisteos. Al causar estragos entre ellos
una y otra vez, se obsesionaron con acabar con este poderoso
hebreo advenedizo. Fueron a buscar los puntos débiles de
Sansón, y seguro que encontraron algunos.

La fuerza física de Sansón los hizo vulnerables a él y a
otros. Impresionado con su propio poder, Sansón se volvió

más bien egocéntrico. A menudo este defecto era perjudicial para los que estaban más cerca de él (ver Jueces 15).

Lo peor de todo era su inclinación hacia la inmoralidad sexual. Este defecto lo llevó hasta su caída.

A Sansón le gustaban las mujeres, y sin duda a ellas también él, dada su reputación. Gracias a que se había producido una mezcla contraria a la ley entre los israelitas y los filisteos, Sansón tenía un campo de juego mucho más amplio (¡y más mortal!). Por supuesto, se fijó en una belleza filistea llamada Dalila. Evidentemente, ella lo hechizó. Cuando los enemigos filisteos de Sansón se enteraron de este asunto, tramaron un complot. El dinero es convincente, y pagaron bien a Dalila por sus servicios. «Dime el secreto de tu tremenda fuerza», le ronroneaba con coqueta timidez. ¿Has pensado alguna vez en lo sutil que es la telaraña de una seductora? Dalila, entrenada en el arte del atosigamiento seductor, hilaba su telaraña con destreza. Al final, el poderoso hombre de la tribu de Dan ya había tenido suficiente. Desveló su secreto más preciado, y el resto es historia. Sus enemigos lo esclavizaron y lo dejaron ciego, pero él mató a más filisteos en su muerte que en su vida (Jueces 16.30).

Sansón cayó en una de las trampas más sutiles y antiguas de la historia. No tenemos más fuerza que la de Dios para evitar que nuestro impulso sexual se desborde y nos atrape.

SAÚL, REY DE ISRAEL

*Quis tenía un hijo llamado Saúl, que era buen
mozo y apuesto como ningún otro israelita, tan alto
que los demás apenas le llegaban al hombro.*

1 Samuel 9.2

Saúl es el político prometedor de la Biblia que al final salió
mal. Cuando Saúl llegó al trono de Israel, no tenía muchas
recomendaciones previas. Claro, era guapo y alto, y su
padre era rico, pero ¿qué experiencia de liderazgo tenía?
Sin embargo, todo Israel, harto del gobierno corrupto de
los hijos del profeta Samuel y enfrentado constantemente a
numerosos enemigos, esperaba ser liderado por él. Cuando
Saúl fue a buscar algunas burras perdidas y terminó siendo
ungido rey por el profeta Samuel, la esperanza inundó el
ambiente en Israel.

Al principio, era obvio que el Espíritu de Dios estaba
sobre el nuevo rey. Saúl se convirtió en un guerrero eficaz
para su asediada nación. Pero, con el paso del tiempo, sus
súbditos lo encontraron menos exitoso en lo espiritual que
en lo militar.

Saúl comenzó derrotando a los amonitas, pero, cuando
atacaron los filisteos, se impacientó por la batalla y se
encargó de realizar el sacrificio que Samuel había prometido
hacer. Como no era sacerdote ni profeta, Saúl no tenía
derecho a hacerlo. Así que, cuando vino Samuel, advirtió
a Saúl que Dios buscaba a un hombre según su propio
corazón para ser rey, y que ese hombre no era Saúl.

Mientras tanto, el hijo de Saúl, Jonatán, comenzó una
incursión que llevó a la derrota de los filisteos. Pero un voto
absurdo de su padre casi le cuesta la vida. Solo la oposición del
ejército, en defensa de Jonatán, hizo entrar en razón a Saúl.

La guerra continuó y Saúl derrotó a más enemigos de Israel. Dios ordenó al rey que atacara a los amalecitas y destruyera a todo el pueblo y su ganado. Pero Saúl desobedeció, manteniendo vivo al rey de Amalec, junto con su mejor ganado. Samuel enfrentó al rey con su desobediencia. Después de una admisión de culpa a medias, Saúl consideraba que su obediencia parcial era algo bueno y no podía entender la preocupación del profeta. Luego, este valiente rey guerrero se convirtió en un cobarde al culpar de sus propias acciones al pueblo.

Saúl había rechazado a Dios, anunció Samuel, así que Dios lo había rechazado como rey. Si Saúl pensaba que la oposición de los enemigos de Israel fue dura, estaba a punto de enfrentar un nuevo conflicto interno que sería aún peor. Porque Dios envió a Samuel para ungir al pastor David como rey en lugar de Saúl.

Abandonado por el Espíritu de Dios, Saúl se volvió propenso a la depresión. Para aliviar su sufrimiento, los asistentes de Saúl le sugirieron que contratara a un arpista para calmar su enfermedad. Y escogieron a David, el hombre a quien Dios había ungido rey en lugar de Saúl. David no solo interpretó música para el monarca, sino que se convirtió en el comandante de guerra favorito del pueblo. Cuando sus súbditos elogiaron las acciones de David, Saúl se puso celoso, y, con la intensificación de su demencia, intentó quitarle la vida al pastor convertido en guerrero. Entonces, para ponerle una trampa, Saúl le entregó a David a su hija Mical como esposa, una relación que resultó negativa para todos los implicados.

Jonatán, el hijo de Saúl, favoreció a David, lo cual creó momentos tensos dentro de la familia real. Finalmente, Jonatán ayudó a su amigo a escapar. A partir de entonces, los desacuerdos entre Saúl y David se dirimieron en el campo de batalla. Pero, aun cuando tuvo a Saúl a su merced, David le salvó la vida al ungido de Dios.

Mientras los filisteos se reunían de nuevo contra Israel, Saúl buscó palabra de Dios sobre el resultado de la batalla. Al no tener respuesta, el rey acudió a la adivina de Endor en busca de una respuesta. Invocó a un espíritu que Saúl creía que era Samuel, pero el rey probablemente hubiera preferido no escuchar sus noticias: Saúl iba a perder la batalla.

Esa predicción se hizo realidad. En la derrota, Saúl se quitó la vida, y los filisteos hicieron un espectáculo espeluznante con su cuerpo —y con los de sus hijos muertos en la batalla— en las murallas de la ciudad de Betsán.

Aunque Isboset, hijo de Saúl, gobernó brevemente en Israel, David acabó siendo rey de Judá e Israel.

Saúl nos recuerda que empezar bien no es suficiente. Dios nos llama a ser consistentes en lo que creemos por toda la vida. Cada día, necesitamos servirle bien.

SILAS

A eso de la medianoche, Pablo y Silas se pusieron a orar
y a cantar himnos a Dios [...]. De repente se produjo
un terremoto [...] se abrieron todas las puertas.
HECHOS 16.25–26

Silas, compañero del apóstol Pablo después de la ruptura
con Bernabé, recorrió con él gran parte del mundo
mediterráneo. Su misión comenzó cuando Pablo y Bernabé
vinieron a Jerusalén para discutir lo que la iglesia esperaba
de los gentiles, y el concilio de Jerusalén decidió que Silas
regresara a Antioquía con ellos.

Poco después, Pablo partió con Silas para un recorrido
por Siria y Cilicia. Más tarde, Pablo recibió un llamado
a ir a Macedonia, y Silas fue uno de los hombres que lo
acompañaron.

En Filipos, conocieron a una irritante esclava con
un espíritu demoníaco que predecía el futuro. Pablo la
limpió de esa posesión, y, como resultado, él y Silas fueron
golpeados y arrojados a la cárcel, y luego puestos en el cepo.
Juntos alabaron a Dios y se quedaron en la prisión para
predicarle al carcelero.

Silas asumió muchas dificultades para servir a Dios,
cruzando tierra y mar con Pablo, y recibió pocas alabanzas
públicas. ¿Necesitamos la atención de otros para sentirnos
cristianos importantes, o seremos fieles como Silas?

SIMEÓN

[Simeón] le tomó en sus brazos, y bendijo a Dios, diciendo:
Ahora, Señor, despides a tu siervo en paz,
Conforme a tu palabra;
Porque han visto mis ojos tu salvación.
LUCAS 2.28–30 RVR1960

A lo largo de los siglos, los hijos de Israel esperaban la venida de Uno llamado el Mesías. El Antiguo Testamento está lleno de referencias a él; los profetas hablaron extensamente de él. La virgen María tuvo el privilegio especial de traerlo al mundo.

Un mensajero celestial informó a un hombre llamado Simeón de que no le llegaría la muerte hasta que viera al Mesías. No se nos habla mucho de este anciano. Las Escrituras dicen que era justo y devoto y que esperaba la llegada del Mesías. Entonces llegó el día en que, guiado por el Espíritu Santo, Simeón entró en el templo de Jerusalén para conocer a una pareja con un bebé. Era el momento cumbre para Simeón. ¡Aquí estaba por fin el Mesías!

Imagínate un gozo que hace que no te importe nada dejar esta vida. Eso es lo que sintió Simeón cuando tomó reverentemente al bebé en sus brazos. Dios condujo a Simeón a reconocer al Mesías y a proclamar palabras sobre este niño que asombraron a todos los que lo oyeron, pero sobre todo a sus padres. «He aquí, éste está puesto para caída y para levantamiento de muchos en Israel, y para señal que será contradicha», profetizó Simeón (Lucas 2.34 RVR1960).

El tiempo ha confirmado la profecía de Simeón. ¿Quién dices tú que era este niño?

SIMÓN DE CIRENE

Cuando salían, hallaron a un hombre de Cirene que se
llamaba Simón; a éste obligaron a que llevase la cruz.
MATEO 27.32 RVR1960

Sobre este Simón tenemos más preguntas que respuestas.
Aparece brevemente en la vida de Jesús, en un momento de
dolor, cuando obligaron al Señor a cargar la cruz hacia el
Gólgota.

Simón, que tenía dos hijos, Alejandro y Rufo, provenía
de una gran ciudad de lo que hoy es Libia. Muchos judíos
se habían establecido en Cirene, así que quizás había viajado
con un grupo a Jerusalén para la Pascua. Pero aquí está solo.
Después de considerar estos hechos, mencionados en un solo
versículo en cada uno de los Evangelios sinópticos, tenemos
todo lo que dice la Escritura al respecto.

Simón era simplemente un espectador inocente,
arrastrado a la historia de la crucifixión por soldados
romanos que lo sacaron de entre la multitud y lo obligaron
a llevar aquel madero de quince o veinte kilos. La obligación
que le imponían era completamente desagradable e
inesperada.

¿Simón era cristiano? No lo sabemos. Pero nos recuerda
que, no importa lo que nos pase, Dios sigue teniendo el
control. Antes del comienzo del tiempo, Dios diseñó su plan
de salvación; y, aunque la parte de Simón fue una sorpresa
para él, no lo fue para Dios.

Si Dios nos sacara de entre la multitud para hacer su
voluntad, ¿estaríamos listos para sentir las astillas de la cruz
en nuestras manos?

TIMOTEO

Con este propósito les envié a Timoteo, mi amado y fiel hijo en el Señor. Él les recordará mi manera de comportarme en Cristo Jesús, como enseño por todas partes y en todas las iglesias.
1 Corintios 4.17

Cuando era joven, Timoteo recibió grandes elogios del exigente apóstol Pablo. Tan estrecha fue su relación con el apóstol que el itinerante Pablo veía a Timoteo como un hijo, lo llevó consigo en numerosos viajes y hasta le comisionó alguna misión.

El joven Timoteo no procedía del «perfecto hogar cristiano». Su madre judía, Eunice, se hizo cristiana, pero lo poco que sabemos de su padre da a entender que era un griego no creyente. Sin embargo, su abuela Loida también creía, así que, espiritualmente, Timoteo tenía por lo menos dos miembros de la familia de su lado.

Timoteo se unió a Pablo en su segundo y tercer viajes misioneros y en parte del cuarto. En un periodo en que no estaban juntos, Pablo escribió los dos libros bíblicos que llevan el nombre del joven pastor. Los consejos que le ofreció han animado a muchos líderes de la iglesia.

Aunque Timoteo parecía algo tímido, en las manos de Dios se convirtió en un ejemplo para todos los líderes. A pesar de nuestras limitaciones y fracasos, ¿estamos dispuestos a dejar que Dios dé forma a nuestras vidas como él quiere?

TITO

Pablo [...] a Tito, verdadero hijo en la común fe.
TITO 1.1, 4 RVRI960

Junto con Timoteo, Tito, que era griego, se unió a Pablo en el segundo y tercer viajes misioneros y en parte del cuarto. A pesar de las disputas de la iglesia a propósito de los gentiles, Pablo apoyó a Tito y se negó a hacerlo circuncidar.

Pablo debía de confiar profundamente en Tito, porque lo envió a misiones especiales que habrían requerido tacto y habilidad para relacionarse con la gente. Primero lo envió a los corintios, con una carta muy delicada. Pablo tenía la ingrata tarea de corregir a los corintios, que habían caído en pecado. Así que necesitaba un hombre que los tratara con firmeza y ternura. La misión fue bien, los corintios se arrepintieron, y, después de reportarse con Pablo, Tito regresó a Corinto con otro ministro, posiblemente Lucas, para animar a la iglesia.

Finalmente, Pablo envió a Tito a Creta para establecer ancianos en la iglesia. Mientras Tito estaba allí, Pablo escribió la carta que lleva el nombre de Tito, una breve epístola que ilustra cómo debe ser una iglesia.

¿Se nos podría confiar a nosotros una misión delicada para Dios? Estudiemos cómo ser sensibles con los demás, considerados con sus necesidades e interesados por su caminar espiritual. Entonces, como Tito, podremos ser usados por Dios en una situación así.

TOMÁS

Entonces Tomás respondió, y díjole:
¡Señor mío, y Dios mío!
JUAN 20.28 RVA

Tomás era un hombre al que le gustaban las cosas claras y transparentes. Cuando algo empezaba a parecerle turbio, abordaba la cuestión sin miramientos. Pero esa actitud no lo ha convertido en un personaje bíblico admirado, porque preferimos leer sobre personas que confían y nunca cuestionan: «Dios lo dijo; yo lo creo; ya está».

Tomás era creyente. Cuando Jesús se encaminó hacia el peligro, al regresar a Betania para resucitar a Lázaro, Tomás acompañó voluntariamente a su Maestro a una muerte muy plausible. Era algo sencillo que podía entender y afrontar con valentía. Pero, cuando Jesús comenzó a hablar de forma poco clara sobre ir a preparar un lugar para sus discípulos, Tomás quiso más datos: ¿cómo sabrían el camino a Jesús? A este discípulo no le valía ninguna religión de castillos en el aire.

A Tomás lo recordamos sobre todo por no haber estado con los otros discípulos cuando Jesús se apareció después de su resurrección. De nuevo, Tomás dudó de lo que no podía ver, hasta que Jesús se puso delante de él. Entonces «Tomás el incrédulo» se fue inmediatamente al otro extremo, aceptando a Jesús como el Dios vivo.

Como Tomás, a menudo preferimos hechos puros y duros a la fe pura y dura. Pero, como él, ¿estamos dispuestos a aceptar la declaración de Jesús de que los que no ven y creen son dichosos? ¿Estamos listos para ser uno de esos creyentes que no ven?

URÍAS

*David mandó que averiguaran quién era, y le
informaron: «Se trata de Betsabé, que es hija
de Elián y esposa de Urías el hitita».*

2 Samuel 11.3

Urías el hitita no era israelita, pero demostró ser más recto
que el rey judío al que servía. Este extranjero era parte de la
guardia real de David, hombres cuidadosamente escogidos
que eran mucho más que soldados comunes (ver 2 Samuel
23.18–39). Pero, mientras Urías estaba en una campaña
militar, el rey David vio en la distancia a la encantadora
esposa de Urías, Betsabé, mientras ella se bañaba en su
azotea, y la deseó. La llevó a su palacio, se acostó con ella y la
devolvió a su casa. Luego descubrió que estaba embarazada.

David quería hacer parecer que el niño era de Urías,
pero, aunque su entregado guerrero regresó a Jerusalén por
orden de David, no quiso disfrutar de las comodidades de
su hogar mientras sus camaradas estaban en el frente. Así
que David hizo colocar a Urías en lo más peligroso de la
batalla, y lo mataron. Después de su muerte, el rey se casó
con Betsabé.

Urías, un extranjero que sirvió al Señor protegiendo al
rey, tenía una perspectiva de la fidelidad que su señor no llegó
a tener. La persona que menos te imaginarías puede servir
fielmente a Dios, mientras que alguien de gran categoría
puede fracasar. Recuerda, Dios no hace acepción de personas,
e incluso los más humildes pueden hacer su voluntad.

¿Reconocemos la importancia de una fe humilde por
encima de la posición social? ¿Ponemos la mirada en las
cosas del reino de Dios o en la importancia terrenal?

ZACARÍAS, PADRE DE
JUAN EL BAUTISTA

*Dijo Zacarías al ángel: ¿En qué conoceré esto? Porque
yo soy viejo, y mi mujer es de edad avanzada.*
Lucas 1.18 rvr1960

«¿Acaso hay algo imposible para el Señor?», pregunta Dios
en Génesis 18.14. Estas palabras se las dijo Dios a la esposa
de Abram, Saray, quien se rio de la idea de tener un bebé en
su vejez.

Siglos más tarde nos encontramos a Zacarías y su esposa,
Elisabet, que ya eran ancianos. Ella era estéril y se le había
pasado la edad de tener hijos. Pueden imaginarse, entonces,
cuán sorprendido se quedó Zacarías cuando el arcángel
Gabriel le dijo que Elisabet le iba a dar un hijo. ¿No bastaba
con la aparición sobrenatural de un ángel para subrayar
la certeza de lo que Zacarías había escuchado? Pues no,
Zacarías quería pruebas. Gabriel le dio más que eso, lo dejó
mudo. Hasta que no naciera su hijo, Juan, no recuperaría la
capacidad de hablar, y entonces lo único que podría decir
sería ¡gloria a Dios!

¿Hay algo demasiado difícil para el Señor? Zacarías
respondería con un enfático «No»; había sido testigo del
innegable poder de Dios, un Dios que cumple su Palabra.
¿Hace falta que aparezca un ángel para que nos tomemos en
serio la Palabra de Dios?

EL PROFETA ZACARÍAS

En el octavo mes del año segundo de Darío,
vino palabra de Jehová al profeta Zacarías hijo
de Berequías, hijo de Iddo, diciendo:
Se enojó Jehová en gran manera contra vuestros padres.
ZACARÍAS 1.1–2 RVR1960

Era lo de siempre en Israel: el pueblo seguía el mal ejemplo de sus antepasados. Pero ni el profeta Zacarías ni el Señor querían que la situación siguiera así. Por eso Dios habló de nuevo a su pueblo. No solo les dijo que sus padres estaban equivocados, sino que también los llamó a arrepentirse.

Zacarías, profeta-sacerdote postexílico y contemporáneo de Hageo y Zorobabel, ofreció esperanza al pueblo de Jerusalén en la última parte de la época de la reconstrucción del templo. Durante algunos años, no había habido progreso en el proyecto de construcción. Luego se detuvo por completo. Ahora el pueblo necesitaba aliento para volver a construir.

El mensaje de Zacarías mira hacia el futuro e incluye numerosas referencias mesiánicas. El profeta pone la vista en la obra que Dios hará en su propia generación y más allá de ella, en la salvación venidera de Dios.

Como la gente del tiempo de Zacarías, nosotros también vacilamos y nos enfrentamos a terribles pruebas. ¿Estamos perdiendo el aliento? Dios no abandonó al pueblo de Zacarías, y tampoco se olvidará de nosotros. ¡Mira hacia el futuro con esperanza!

ZAQUEO

*Y sucedió que un varón llamado Zaqueo,
que era jefe de los publicanos, y rico...*
Lucas 19.2 rvr1960

Muchos de nosotros cantábamos de niños aquello de
«Zaqueo era un hombrecito así pequeñito». Al hacernos
mayores, este señor bajito se quedó en nuestros corazones,
como símbolo de un hombre en desventaja pero que
tenía mucho dinero. Porque Zaqueo no solo era pequeño,
también tenía una vida reducida, condenado al ostracismo
por otros judíos, que le guardaban rencor por su trabajo para
la ocupación romana. ¿Quién de nosotros no se identifica
con este desamparado que no quiere quedarse al margen?

Cuando Jesús llegó a la ciudad, el hombrecillo decidió
verlo y trepó a un árbol (tal vez por eso nos gustaba tanto
cuando éramos niños). Jesús vio a Zaqueo, lo llamó y se
invitó a su casa. No podría haber anfitrión más feliz. Zaqueo
se arrepintió rápidamente y prometió hacer restitución
por más cantidad de dinero de la que había defraudado
a la gente. La salvación llegó al impopular recaudador de
impuestos; de repente, era amigo de Jesús.

Nosotros también comenzamos como Zaqueo, separados
de Dios y con mala sintonía con la humanidad. Llamados
por Jesús, damos un salto para creer y, quizás más despacio
que el recaudador de impuestos, cambiamos nuestra vida.
Nos hicimos amigos de Jesús y el gozo llenó nuestras vidas.
¿Estamos viviendo en ese gozo hoy?